互联网背景下英语教学改革研究

张宇◎著

中国原子能出版社

图书在版编目（CIP）数据

互联网背景下英语教学改革研究 / 张宇著 . -- 北京：中国原子能出版社，2020.5（2021.9重印）

ISBN 978-7-5221-0580-2

Ⅰ . ①互… Ⅱ . ①张… Ⅲ . ①英语—网络教学—教学改革—研究 Ⅳ . ① H319.1

中国版本图书馆 CIP 数据核字 (2020) 第 089826 号

互联网背景下英语教学改革研究

出版发行 中国原子能出版社（北京市海淀区阜成路 43 号 100048）

责任编辑 杨晓宇

责任印刷 潘玉玲

印　　刷 三河市南阳印刷有限公司

经　　销 全国新华书店

开　　本 787 毫米 *1092 毫米 1/16

印　　张 10.5

字　　数 165 千字

版　　次 2020 年 5 月第 1 版

印　　次 2021 年 9 月第 2 次印刷

标准书号 ISBN 978-7-5221-0580-2

定　　价 48.00 元

网址：http//www.aep.com.cn　　E-mail:atomep123@126.com

发行电话：010-68452845　　

引　言

互联网时代带动了慕课、微课、微信 + 移动网络的兴起和发展，为拓展英语教学手段及方法提供了可能。利用慕课、微课、微信 + 移动网络所创建的英语听、说、读、写、教学新模式打破了传统课堂授课模式的限制，改善了师生间的关系及师生话语权，改变了师生角色，弥补了师生间传统课堂上的感情缺失，满足了学生个性化、多样化的学习需求和碎片化学习特点。

适应互联网时代的要求，英语教师在英语教学过程中借助慕课、微课、微信 + 移动网络等网络数字资源形成课上课下、线上线下的混合式教学模式。突出学生学习的主体地位。学生从课程的被动接收者转变为课程的合作者与监督者，从机械接受者转变为积极思考者，从被动学习者转变为主动学习者，从观众转变为演员。教师从课程的执行者转变为课程的设计者与开发者，从教导者转变为学习伙伴，从传播者转化为对话人，从监管者转化为激励者，从演员转化为导演。

互联网时代的新型英语教学模式的发展，极大地拓展了优质教育资源共享，加速了教育的自我变革能力，从而在一定程度上更好地促进了教育公平和提高了教育质量。

本书在分析互联网背景下英语教学的背景和现状的基础上，提出了互联网背景下英语教学创新模式和英语多元教学评价体系，具有一定的指导意义。

目　录

第一章　大学英语课程管理体制问题与改进

第一节　大学英语课程管理体制的主流形式及结构功能分析

一、我国大学英语课程管理体制的主流形式

大学英语课程管理体制是指大学英语课程管理机构及其制度规范的结合体。一般而言，因管理机构的权责划分不同，人们将管理体制分为集权制、分权制、分集结合制等形式。本章从管理机构的名称入手，对我国大学英语课程管理体制的形式进行划分，对几种主流形式从其形成的过程、机构的设置、责权的划分、职责功能的定位以及不同形式的优势、劣势等方面进行分析，以期探讨大学英语课程管理体制的优化对策。

我国大学英语课程管理体制大致经历了自治—集权—分权的过程。事实上，在任何历史时期，我国外语教育的决策权都掌握在国家这个层面，因而，即使在大学英语基层组织享有较高自主权的今天，大学英语课程管理体制仍然具有集权的痕迹。我国大学英语课程管理体制在高校内部则具体表现为，以国家外语教育政策为指导，教育部领导相关专业指导机构制定大学英语教学的标准和要求，各高校协调指挥大学英语教育执行部门认真解读教学要求，制定适合高校具体情况的教学大纲，设计相应的教学内容，开展具体的教学活动。本章主要从微观的角度分析大学英语课程管理体制下高校内部的组织机构情况，为此，不妨对我国大学英语课程管理体制的主流形式先做介绍分析。

改革开放之前，我国高等学校实行校—系两级管理体制，系以下是负责不同专业教学的教研室，“公共英语”的教学由外语系或公共课部下属的教研室担任。

20世纪80年代中后期，教育部颁布了涉及公共英语教学的《大学英语教学大纲》，开始了一系列的大学英语教学改革，许多高校将原来的公共英语教研室升格为系级单位，改名为“大学英语教学部”，以呼应国家对大学英语教学的重视。

随着高等教育的发展，我国许多高校开始实行校—院—系三级管理体制。在这样的背景下，围绕着大学英语课程管理体制的改革也在各高校展开。不同的学校、不同的发展需要带来了大学英语课程管理体制的不同变化，形成了不同的管理体制形式。有些高校保留了大学英语教学部的名称，但将其置于外国语学院的管理之下；有的学校则保留了大学英语部的独立地位，直属于学校管理；有的高校成立直属学校管理的外语教学中心；有的则组建公共英语教育学院，赋予其完全的学院地位。

（一）大学英语课程管理体制的主流形式介绍

总体而言，我们可以根据管理机构的名称将我国大学英语课程管理体制的分为学部制、中心制和学院制三种；其中学部制又因其归属不同、所享有的权责不同，据此又可以分为大部制、中部制和小部制。

1. 学部制

学部制是目前最常见的大学英语课程管理机构，也是建制最早的高等学校系一级的大学英语课程管理机构。最早的大学英语教学部一般都直属学校管理，与外文系或英文系同属学校二级单位。随着国家经济建设的发展和高等教育改革的深入，许多高校后来将大学英语部与外语专业的其他系级单位合并，成立外国语学院或外国语言文学学院。大学英语课程管理因大学英语部归属的不同，呈现出了不同的管理体制和管理模式。

大部制：在部分高校成立外国语学院的过程中，有些高校的大学英语部继续作为学校二级单位独立存在。这种形式的机构直属学校管理，在人事、财务、教学科研安排、教师职称评定等方面享有更大的自主权，我们因此将这种管理体制称为大部制。大学英语部下设若干教研室，负责全校的本科生、硕士生和博士生的公共英语教学。有的学校大学英语部还负责外国语言学及应用语言学和学科教学（英语）专业的硕士研究生培养工作。

中部制：中部制的大学英语部一般隶属于外国语学院，在没有外国语学院的学校隶属公共课部，属于学校三级单位。这样体制下的大学英语部一方面要受外国语学院或公共课部的业务和行政领导，没有独立的人事财务权；另一方面，因为其所从事的教学活动是面向全校学生的，多数情况下还要接受学校教务部门、财务部门和人事部门的管理。和大部制一样，中部制的大学英语部也负责全校本科生和研究生的公共英语教学；有些综合型大学的大学英语部也承担外国语言学专业的硕士研究生培养工作。

小部制：在小部制的管理体制下，大学英语课程管理机构隶属外国语学院的英语系，为学校四级单位。小部制的大学英语课程管理机构从形式上看与早期的公共英语教研室相似，而且仍然是教研室建制，但机构名称中的“公共英语”已经改为了“大学英语”。这种体制形式的大学英语教学管理机构规模和职责比较单一，尽管在目前高校中不多见，但北京大学、清华大学都保留着这种体制。

2. 中心制

西方许多著名高校都设置语言教育中心，负责全校所有与语言学习培训相关事宜。我国高校的英语教学中心显然借鉴了西方高校的管理模式，且这种体制的建立也相对较晚。大学英语教学中心一般是由原来外国语学院的大学英语教学部、研究生公共英语教学部以及其他相关教学研究机构合并而成，负责全校的大学英语教学、研究生公共英语教学、大学英语教学研究以及面向公众的社会服务等工作。中心直属学校管理，和外国语学院一样，属于学校的二级单位。

3. 学院制

大学英语学院制的历史不长，其代表高校当属吉林大学。21 世纪初，新吉林大学组建后，原来五所学校的外语教学单位合并组成“公共外语教学与研究中心”，2006 年 6 月，该中心更名为“公共外语教育学院”，负责全校的本科生、研究生的公共外语教学，以及外国语言学及应用语言学、翻译硕士专业研究生的培养工作。学院直属学校，属于学校二级单位。与外国语学院不同的是，公共外语教育学院下设机构不是系，而是教研室。

实际上，从管理归属来说，高校大学英语课程管理机制也可以分为两类，即直属学校管理和不直属学校管理，不直属学校管理的机构又可以为三级单位和四级单位。从机构职能来说，有的机构仅仅负责大学英语教学；有的负责学校所有本科生、硕士生和博士生的公共英语教学；有的除了公共英语教学之外，还承担教学研究以及英语专业外国语言学及语言教学的研究生培养工作；有的则还要面向大众承担与外语教学相关的社会服务。

（二）大学英语课程管理体制的主流形式评价

1. 优势分析

小部制体制的管理机构功能划分很细、职责单一、任务指向明确，机构内部管理沟通便利，有利于教师集中注意力对某一门课程展开研究探讨。

中部制由于外国语学院的学科特点，大学英语教学部的教师专业归属感较强，他们可以方便地从外语学院获得专业学习和进修的机会，可以方便地和学院其他同行们进行专业沟通。显然，这种机制有利于教师的专业发展，有利于教师业务水平的提高，有利于外语教学资源的共享。

大部制直属学校管理，显然具有政策上、经费上、人才引进、教师发展、职称评定等多方面的优势。学校与大学英语部之间、大学英语部与各教研室之间的信息沟通更加直接便利，大学英语课程管理者和教学研究者可以直接与学校相关管理部门进行教学理念、教学方法、教学手段、教学模式、教学评估等方面的交流，获得相关部门的理解和支持。同理，大学英语教师也更容易获得学校相关的教学改革与管理方面的信息，从而保证了学校相关方针政策的实施；提高了管理的效能，保证了教学的有效实施。

总体而言，学部制的大学英语特征显著、教学任务明确、教学目标清晰，因而是目前最流行的课程管理体制。

中心制的管理机构借鉴了西方高校语言教学中心的模式，将大学英语教学、研究生公共英语教学、学生海外交流所急需的语言培训服务以及大学英语教学研究等工作整合起来。和大部制一样，中心也是学校二级单位，直属学校管理，在人事、财务、教师职称评定等方面享有自主权。另一方面，中心与国外高校外语教学中心相似的教学管理模式使得它在对外沟通上更加便利，其所提供的语言服务，特别是与学生海外学习相关的外语培训，具有更强的针对性，在对外交流中，其对学生语言能力的评价几乎可以直接为国外高校所接受，为学生出国深造提供了很大的语言方面的便利。中心的社会服务功能，在实现高校与社会对接方面也可以做出自身的贡献，同时，在高等教育办学经费有限的情况下，社会服务还能为中心带来一定的经济收入，为中心工作的展开提供更大的自由度。

学院制的优势主要表现在以下方面：其一，与大部制和中心制一样，它直属学校管理，在各项管理工作中享有更多的权力，也承担了更多的责任。其二，从形式上看，学院制将大学英语提高到了与传统外语学院相同的学科地位，有利于大学英语学科的发展，有利于学院研究工作的展开，也有利于学院与国内外兄弟院校在教学科研方面如交流。其三，对于大学英语教学规模很大的学校来说，学院的设置有利于调整管理跨度，提高管理沟通效果，保证管理的效能。其四，学院建制有利于将大学英语教学与研究作为一个独立的体系进行规划与发展，有利于大学英语教育理论与实践的探索，有利于大学英语教师的专业进步，最终有利于提高大学英语的教学效果。

2. 劣势分析

目前大学英语课程管理体制的不足主要与管理沟通问题、管理跨度问题以及人们对大学英语的认识问题相关，从这些问题可以衍生出许多影响大学英语教学的具体问题。

小部制因为其“远离”管理中心，相关的管理信息交流显然会发生障碍。主要可以表现在，上级的管理意图不易传达至基层，从事基础教学实践的意见也难以通达决策者。另外小部制的管理机构职能单一，导致人们对大学英语重要性的认识不完整，教师自我评价不足，教师专业发展有限。

中部制与小部制相比，其上下级沟通相对而言畅通一些。但是，中部制的大学英语课程管理在各方面都会受外语学院全盘统筹考虑的影响，其受重视程度显然要大打折扣。与外语专业相比，大学英语课程管理在诸多方面都会有更多的困难，如经费划拨、教师进修与职称评定、教学活动组织以及教学研究的展开等。在外语学院专业教师的影响下，大学英语教师还会有自我定位的困难，有些老师不能明确自己的专业发展方向，将其与专业教师的专业发展混淆。

大部制、学院制和中心制在管理归属上是相同的，它们在享有相似优越性的同时，也有各自的不足。大部制的主要缺陷在于其职责已经超出了其名称所承载的含义，原来的公共英语现在仅仅只是大学英语教学部所有职责中的一部分，今天的大学英语教师除了要承担语言基础课的教学任务之外，还要负责与英语相关的社会、文化、文学等课程的教学，以及众多与学生所学专业相关的专门用途英语课程的教学；许多大部制的大学英语教学部还要承担英语专业外国语言学研究生的培养工作。“大学英语部”这个名称在某种程度上限制了其有些功能职责的实现。

学院制和中心制组建的缘由有三点，解决管理跨度问题，提升大学英语教学与研究，整合大学英语教育的社会功能。然而，许多公共外语教育学院和教学中心的建立并没有很好地解决这些问题，主要原因还是在于其所承担工作的繁杂，涉及对象的多元化，以及这种建制本身还处于探索阶段，各方面的制度建设与管理实践都需要进一步提升。

二、大学英语课程管理机构的结构体系

高等学校管理体制内的组织机构是根据具体的管理需要、遵循一定的原则而设置的。大学英语教育管理机构的设置也有其多方面的依据。

（一）大学英语课程管理机构的设置依据

1. 政策意图

源于我国高度集中的计划经济传统，我国的高等教育管理体制仍然具有其显著的国家集中计划、政府直接管理的特点。高等学校在教育目的、教学制度、培养方案、评估考核、教师发展等方方面面都会直接受到政府政策导向的制约，政策导向在高等教育的发展中起着主导性的作用，其对高等教育的影响比其他任何因素都更为直接和更为集中。当然，在中国由计划经济体系向市场经济体系、由集权管理体制向分权管理体制过渡的过程中，建设现代大学制度，规范大学与外部的关系成为高等教育发展的一项战略任务。

然而，综观我国高等教育发展的历史，从20世纪50年代的院系调整，到90年代的院校合并，再到1999年开始的高等教育跨越式发展，最后到2006年以后的高校的内涵式发展，每一次的重大变化都有国家的方针政策在起主导作用。因此，高校管理机构的设置不可能不受国家大政方针的制约和推动。

高校的院系等二级管理机构是大学里最重要的组织机构，其发展变化是国家

政策导向对大学作用的外在体现之一。我国改革开放后第一个《大学英语教学大纲》的推出标志着国家将大学英语教学的重要性提高到了引人注目的地位，同时也意味着原来的公共英语教研室已经不能满足新的大学英语课程管理的需要。新的大学英语课程管理机构的设置是相关政策意图的体现。

2. 学科发展

学科首先是指学术的分类，指一定科学领域专业分支，是自然科学、社会科学和人文科学三大知识体系的下位概念；学科也指对高等学校人才培养、教师教学、科研工作隶属范围等的相对界定，是高等教育机构的下属功能单位。高等学校是培养人才的场所，是知识创新的场所，是开展学术研究的场所。高等学校对人才培养、知识创新、学术研究等活动的管理是通过学院、系、部、所等教学、科研下属功能机构完成的。学校管理机构的设置在很大程度上影响学科的建设、发展和进步。因此，学校院、系、部、所等管理机构的设置应该遵循学科发展的规律，把握其发展的趋势，考虑学科发展的需要，以有利于学科的进步为目的。

大学英语起初只是一门公共基础课程，其工具性作用一直受到重视。20 世纪 80 年代第一部《大学英语教学大纲》规定，大学英语教学的目的是使学生能以英语为工具，获取专业所需要的信息，并为进一步提高英语水平打下较好的基础。这部大纲尽管强调英语的工具性作用，但也指出了进一步提高英语水平的前景，即为进一步提高英语水平打下较好的基础。2007 年出版的《大学英语课程教学要求》以及 2015 年 3 月发行的《大学英语教学指南》（征求意见稿）指出，大学英语不仅是高等教育的一个重要组成部分，而且也是高等学校人文教育的一部分。通过英语这个工具，学生不仅可以获取专业知识、与国外同行交流科学技术信息、开展学术研究，同时也能了解国外社会与文化，培养国际视野和跨文化交际能力，促进人的综合素质全面发展。大学英语的基础性作用已经超出了其起初一门公共基础课的地位。纵观目前各高校的大学英语课程设置，人们可以发现当年的一门公共课已经发展成了现在的一系列的课程。大学英语已经成为一个课程体系。

其次，随着大学英语教育的发展，围绕大学英语教学的研究也受到广大大学英语教育工作者的重视。在进行大学英语教学的过程中，人们可以就二语习得的相关问题进行多方位、多角度的探讨。大学英语教学研究者们除了研究各语言技能的教法，如英语写作教学、英语阅读教学、英语听力教学、英语口语教学等，他们也研究英语学习者、英语学习环境、英语自主学习等问题。与主要从事文学研究的外语学院相比，大学英语部的研究更偏向外语教育，更多地采用社会科学的研究方法。大学英语部的科研项目、科研成果、科研获奖等大多都与教学有关。无论从大学英语本身的基础性地位来看，还是从大学英语教学研究出发，独立设置大学英语课程管理机构都是合理和必要的。

3. 管理跨度标准

管理跨度，亦称管理幅度，是指在组织结构中一个管理者所能直接领导、指挥、监督的下属人员或者部门的数量和范围。根据管理跨度理论的观点，一名管理者所直接领导的下属人员应该控制在一定规模内；不同层次的管理者所能有效指挥、领导的人数亦有不同。一般认为，基层为 15~20 人，中层不宜超过 10 人，高层则不宜超过 7 人。显然，不合适的管理跨度可能会影响组织机构的运行效率。但是，管理跨度的有效性还受许多管理因素的制约，如管理环境的优劣、组织规模的大小、管理者个人能力的强弱、下属专业素养的好坏等。总体而言，优秀的管理环境、能力强的管理者加上素质高的下属人员可以提高上下级沟通的效率，增强管理效果，提高管理质量。这种情况下，管理幅度可以适当扩宽。反之，如果管理环境不良，管理者能力较弱，下属人员素质不高，则管理效果不好，管理质量不佳。此时，则有必要缩小管理跨度。总之，为了保证组织机构的良好运行，首先要确定适当的管理跨度。

20 世纪 80 年代初期，大学英语课程管理基本上还处于“文革”后的苏醒阶段，根据各高校的不同情况，大学英语课程管理机构基本上都是教研室，即公共英语教研室，隶属学校的系级机构（综合性大学下属外文系，没有外文系的学校隶属系级的公共课管理机构）。当时管理环境、管理者能力以及下属的业务素质正处于逐步提升阶段，管理效率当然有待于提高。然而，当时担任全校公共英语教学的教师基本上归属于一个或者两个教研室。这种管理跨度与当时的管理环境以及人们所期待的管理效率是不相符的。

设置大学英语教学部，将原来的公共英语教研室归属于一个系级单位的管理之下，根据教师的工作任务再划分成管理跨度适中的教研室，改善管理环境，对于提高大学英语课程管理效率无疑有着重要的意义。

4. 实际工作需求

大学与社会的关系密不可分。社会经济的发展需要人才，大学的人才培养要以社会需求为目标。一方面，大学引领社会经济的发展，另一方面，大学自身的发展受社会经济发展的制约。改革开放初期，随着国家对外交往的深入以及高等教育的自身发展，社会对外语人才需求的数量和规格不断增加。除了外语专业人才之外，国家需要大量懂外语的各种专业人才。非英语专业的学生不仅要学英语，还要学好英语；不仅要掌握基本的语法词汇知识，进行大量的英语阅读，还要能够利用英语获取外国的先进科学技术知识和管理知识，了解外国文化。就英语技能而言，非英语专业的学生不仅要有较强的阅读能力，还要有较强的听、写、说的能力。作为一门公共基础课，大学英语对国家的对外开放、社会经济发展、科学研究以及学生的个人发展具有显著的重要意义。在这种情况下，必须改革公共英语教研室，设立与大学英语重要地位相适应的更加高效的管理机构。

5. 管理沟通的有效性

所谓管理沟通，是指组织及其管理者为了实现既定的组织目标，在管理过程中所进行的管理者与组织成员之间的信息、思想和情感的交流，它是一种有计划的、规范的职务沟通活动。管理沟通是双方的行为，它可以是管理者与被管理者之间的沟通，也可以是群体之间、团队之间、组织之间的沟通，甚至可以是跨文化的沟通。管理沟通是现代管理者的基本职责之一。通过管理沟通，管理者可以收集相关管理信息，根据相关信息做出合理有效的决策。管理沟通对于增强组织的凝聚力、改善组织内的人际关系、稳定员工的思想情绪，统一组织内员工的行动、提高组织管理效果、实现组织管理目标具有非常重要的意义。

管理沟通是否有效受许多因素的制约。管理者对于待传递信息的加工处理，信息传递的媒介运用，被管理者对信息的分析理解能力等都会影响管理沟通的效果。具体而言，沟通信息的具体内容、信息传递工具的质量、信息传递人员的效率、沟通场所的环境等，被管理者的个人经历、工作态度、理解能力、沟通时的心情，被沟通者的办事风格、沟通者与被沟通者的关系等，这些因素对沟通效果和质量都有很大的影响。

改革开放初期，大学英语课程管理机构内的信息沟通效率和效果是有缺陷的。一方面，公共英语在许多综合性大学的外文系只是一门公共课，与外文系的专业课程相比，其重要性远没有得到人们必要的关注。外文系的管理者们的注意力主要放在了如何搞好专业课程教学，而公共英语只不过是培养方案上的一门课而已。从当时的条件来说，系里能安排人手将教学计划规定课时完成就已属不易，更别谈好的教学管理和质量了。没有外文系的非综合性大学里，公共英语与其他公共课共同管理，其管理效率和受重视程度可想而知。

另一方面，由于当时外文系的主要领导注意力不在公共英语课程上，对该门课程的了解显然是有限的，甚至是片面的。而公共英语教师中相当多的人都是从俄语转行的，他们尽管具有很强的工作责任心，但专业能力有限。年轻的英语专业毕业的教师往往把公共英语教学作为其临时职业，他们长远的职业规划是从事英语专业的教学。就学校方面而言，改革开放初期，各门学科建设方兴未艾，学校办学条件相对有限，学校管理者们的关注焦点都放到了各个系各个学科的复兴和建设上，对于公共英语的关注显然有限。鉴于这些原因，与大学英语课程管理沟通相关的诸因素基本上是负面的。管理者与被管理者的个人背景、兴趣关注点、价值取向、沟通的环境条件等因素都无法保证沟通的效果。

（二）大学英语课程管理机构的建制案例

大学英语课程管理机构的建制不一，各高校受不同因素的制约而选择不同的建制。以下选择几种不同建制的典型代表学校进行介绍，以利于对大学英语课程管理机构建制的情况有一个清晰的了解。

南京大学是大部制的典型代表，其大学英语课程管理机构为大学外语部，直属学校管理，享有独立的财权和人事权，和学校各职能部门有直接的联系。大学外语部下设教研室，负责非外语专业的本科生、硕士生、博士生的公共外语教学与研究工作。同时，大学外语部还负责全校学生出国学习外语培训，与各相关院系合作开设专门用途英语课程。这些任务都是由负责不同平台、不同类别课程群的各个教研室完成的。

武汉大学的大学英语教学部隶属外语学院，属学校三级机构，没有独立的人事权和财权，原则上与学校各职能部门关系较为间接。大学英语部的人事、财务方面的事宜需通过外语学院与学校职能部门沟通，负责教学的本科生院、研究生院在教学工作方面与大学英语部会有沟通，但除教学之外的其他事情往往会通过外语学院协调处理。

北京大学没有独立的大学英语部，其大学英语课程管理由隶属外语学院的英语系代理，在英语系下设公共英语教研室，属学校四级机构，负责非英语专业各层次学生的公共英语课程。北京大学由于其生源英语程度相对整齐，学生英语学习自主性较其他学校高，因而其大学英语课程教学规模相对较小，英语类的通识课程门类比其他高校多很多，而这些课程是可以由英语系统一开设的。

中山大学是最早建立外语教学中心的高等学校，旨在与国际接轨，扩大中心的外语服务功能。中心由原来的外国语学院大学英语教学部、研究生外语教学部和大学外语教育研究所三合一组建而成。中心下设大学英语教学部、研究生外语教学部、应用英语教学部和大学外语教育研究所四个部门。大学英语教学部负责全校除英语专业以外所有专业的大学英语课程；研究生外语教学部负责全校博士研究生、硕士研究生和研究生课程班的公共外语教学任务，应用英语教学部负责全校专业用途英语的教学任务，包括英语教育、商务英语和传媒英语三个专业方向，招收网络教育和夜大学教育的本专科学生。中心还与国外高校合作，为学生提供出国留学外语培训，以及学生其他国际交换项目的外语服务。

三、大学英语课程管理机构的职责解读

人学英语课程管理机构是多层次、多分支的，各机构的职责存在着一定差异，但总体上也有其共性。在此，我们仅就其共性做出分析。总体来看，大学英语课程管理机构的职责涉及诸多方面：第一，大学英语教学的顺利实施需要一部能够满足社会需求的教学大纲和一套课程体系，课程设计与大纲制定成为大学英语课程管理的首要任务。第二，为了确保课程计划和教学大纲的顺利实施，有必要精心选择优质的教学材料，编制优秀的大学英语教材。第三，有了优秀的教学大纲和优质的教学材料，还需要一支优秀的大学英语教学队伍，对教师的选聘、培训、管理等也是大学英语课程管理机构的重要任务之一。第四，课堂教学是体现教学大纲和教材思想和要求的重要过程，是教师实施其教学理念、实现师生交流的重

要场所。第五，教学评估是检验教学和学习效果的重要环节。

（一）课程设计职责

（1）需求分析：大学英语课程与大纲的设计是大学英语课程管理的重要任务之一，而课程与大纲设计的主要依据是需求分析。一般而言，外语学习需求可以分为社会需求和个人需求，而这些需求具体反映在国家、社会、高校、教师和学生等不同层面上。国家在政治、经济、文化、外交等方面对外语有其特殊的需求，社会需求则表现在社会一般交往、员工的聘用、企业的发展等方面，个人需求则是在社会需求背景下个体对外语学习的具体需求。正确理解和认识这些需求对于确立教学目标、设计教学内容、进行教学评估具有重要的指导意义。只有进行细致深入的需求分析，才能确立明确的教学内容和目标，才能使大学英语教学真正满足社会和个人对大学英语人才培养的需求。这是大学英语课程管理机构的职责，是每一个大学英语教师的职责，也应该是每一个学习者的职责。

（2）课程设计：课程设计的科学性与教学效果有着密切的关系；课程设计涉及诸多因素，如教学对象、教学目标、教学内容、教学方法和教学评价等，它是在对社会各种因素进行调查分析的基础上进行的。大学英语课程管理者首先要了解课程设计的原理，认识到课程设计的重要性，合理进行课程设计。同时，组织相关教师学习理解课程，了解课程设计的原委，对于开展有效的大学英语教学具有重要意义。

（二）教材选择和编辑职责

教学材料的选择是实现教学目标的重要途径之一，语言材料的选择应该满足社会需求、符合学习者个体的认知特征、符合外语学习规律、真实反映有关语言的优秀文化传统。大学英语课程管理者的职责是组织优秀的大学英语教学研究者认真学习理解课程相关精神，研究相关语言与语言教学理论，对众多的英语学习资料进行仔细的甄别，选择合适的语言材料精编成教材。一套优秀的大学英语教材可以极大地提高学生的学习兴趣、培养他们良好的英语学习习惯、增强他们的自主学习能力，为优质高效的大学英语教学提供保障。

（三）教学过程控制职责

大学英语教学的具体实施过程主要在课堂，但是，要获得良好的学习效果，就应该将课堂教学与课外学习结合起来。大学英语课程管理工作应该包括课堂教学与第二课堂建设，以及近十年来兴起的基于计算机多媒体网络技术的自主学习。

（1）实施课堂教学：课堂教学的重要性是不言而喻的。先进的外语教学理念、明确的教学目标、丰富多彩的教学内容等等都要在课堂上才能得到实施；同时，课堂也是师生交流的场所，是学生获得学习资源的主要渠道，也是学生语言技能的重要训练场所。束定芳认为，成功的课堂应该具备以下功能：培养学生兴趣；提供合适的语言输入；培养学生的学习策略，为学生的课外学习提供指导；让学生展示学习成果等。无疑，如果教师在课堂教学的准备与实施过程中注意到了课堂的这些功能，其课堂教学效果应该是精彩的。

在具体的教学实践中，还应该注意到一些以往教学理念的不足和认识上的误区。首先，要尽量避免传统的以教师为中心的教学模式，充分发挥学生的主观作用，应该让学生积极参与到教学环节中来。其次，要避免过多的语言知识的输入和语法分析，忽视语言技能的实际操练。最后，要杜绝以应试为导向的教学。许多的语言考试都是通过了解学生的语言结构知识的掌握来了解学生的语言能力的，这种考试的效度并不高。如果课堂教学围绕考试内容展开，学生的实际语言能力得不到有效的训练，这种课堂教学的效果显然是存疑的。

（2）负责第二课堂建设：外语教学是实践性很强的活动，课堂上的学习内容必须辅以课外操练和应用才能得到巩固。因此，应该组织和管理好第二课堂活动，积极营造课外语言学习和运用的环境，将第二课堂活动纳入教学计划，安排固定的活动场所，安排教师指导学生参加校内外的各种英语辩论活动和演讲大赛；运用现代教育技术，组织学生制作英语广播节目、开办英语网站，通过网络和无线电台播放英语节目；给学生布置各种课外英语任务，如英语电影配音、编辑英文报纸、表演英语戏剧等，创造积极的英语学习氛围，形成良好的校园英语文化，以此来调动学生英语学习的积极性，提高英语学习兴趣，增强英语学习效果，为学生英语应用能力的提高奠定坚实的基础。

（3）引导大学英语自主学习：《大学英语课程教学要求》将基于计算机的

英语学习模式与课堂教学相提并论，强调学生上机自主学习和教师课堂辅导。在这种新的教学模式下，可将英语的视听说课和读写译课程软件安装在计算机上，学生按照教学计划在网上学习每一个单元，在对每一单元精学精练的情况下，参加英语教师组织的课堂活动。这种学习模式的好处在于学习时间灵活，学习进度灵活，师生网上沟通方便，学习资源获取方便。不同英语水平和学习能力的学生完全可以根据自己的具体情况决定学习的节奏，不受其他学生的影响。

在这种学习模式下，教师的管理和教学规划尤其重要，有必要规定一套自主学习的程序，以完善自主学习机制。整个自主学习程序大致可以分为三个阶段：第一，学生上机自主学习阶段。学生根据计算机英语学习软件的设计，自主完成机上听、说、读、写的训练，掌握必要的语言知识和技能。第二，课堂辅导与操练阶段。在课堂上，教师根据学生上机学习的内容设计课堂活动的内容，给学生布置课堂互动的任务，通过学生参与课堂活动和完成任务的情况判断学生的上机学习情况，并以此检查上机学习效果。第三，应用与实践延伸阶段。通过组织丰富多彩的第二课堂活动，使学生所学的知识和技能得到更进一步的实践和应用。

教师的职责是：帮助学生制订学习计划，包括学习进度、学习级别，同时监控学生的学习方法和学习效果；在网上布置听、说、读、写、译作业，包括口语活动的话题，解答学生提出的问题；根据学生的学习情况，按时组织课堂辅导活动，让学生将网上学习内容搬到课堂上了进行进一步操练，以达到熟练掌握的目的；提供教材之外的更多的学习资料。

（四）教师管理职责

教师是学校实现教学目标的根本，是教学改革得以顺利实施的保证。要实现大学英语的教学目标，必须加强对师资队伍的管理，提高教师的素质，重视师资队伍建设。围绕教师的管理工作可以从以下几个方面展开。

（1）教师聘用与教师的业务素质要求：教师的管理起始于师资队伍的招聘。招聘录用教师的数量和质量对整个师资队伍的结构、水平以及整体教学的发展都具有重要的意义。因此，要对被招聘人员提出较高的素质要求。

和所有教师一样，一名合格的大学英语教师良好的品格和丰富的学科与教育教学知识。具体而言，大学英语教师首先应该有扎实的语言基本功，具有较高的英语听、说、读、写的技能。与此同时，大学英语教师还要掌握较为系统的现代语言学理论、心理语言学理论、教育语言学理论和英语教学法的知识，在具体的教学实施中能够自觉运用这些知识。不仅如此，大学英语教师还必须有较强的教学组织能力和教学实施能力，熟悉教学组织的步骤和基本的教学原理。当然，大学英语教师要有较高的人格修养和令人愉悦的个性，性格幽默大方、宽容有耐心。

（2）全面提高教师的业务素质：首先，要达到上述对教师的要求，除了把握教师的入职要求外，对于在岗的教师要为其创造国内外进修的机会，派遣教师到国外进修，鼓励教师到兄弟院校进行学习和调研。其次，邀请国外英语教学专家来校给大学英语教师做讲座、进行教学研讨和教学示范。利用一切可能的条件，让大学英语教师与国内外同行探讨教学方法和理念。

教师互相听课是一种非常重要的互相学习，互相促进的方法。大学英语课程管理机构应该对教师听课做硬性的、定量的规定，每名教师在听课过程中要做详细的听课记录，听完课后要给被听课教师提供反馈意见，被听课教师要在听课记录表上签名。每名教师期末都必须提交听课记录。

（3）合理引进激励机制：激励是对人的积极行为所给予的肯定与承认，适当的激励会鼓舞教师更大的主观能动性，激发更高的工作效率，忽视对教师的激励将会对他们的行为产生负面影响。激励可以通过设立预定目标、树立优秀教师榜样、适当的精神物质奖励等方面展开。对优秀教师应该从生活待遇、职称评定、进修学习等方面给予优先考虑，以此来达到鼓励先进教师、调动其他教师积极性的作用。

（4）对教师的岗位考核：为保证大学英语教学队伍的质量和工作效率，促进大学英语教师不断更新专业知识与业务能力，有必要对大学英语教师进行定期的考核。可以从教师的专业能力、教育教学理论水平、师风师德等几个主要考核指标方面对每位教师进行系统考核，以区别教师优劣，然后进行岗位聘任并淘汰不合格者。通过考核让教师了解各项指标并确定努力的目标；通过岗位聘任程序引进竞争机制，使教师转变工作态度，改进教学方法，提高业务水平，保证教学效果。

（五）教学评估职责

外语教学评估是外语教学过程中的一个重要环节，是检验教学效果、提高教学质量的必要手段。教师可以通过教学评估获取教学反馈信息，根据反馈信息改进教学和管理；学生则可以根据评估情况调整学习策略、改进学习方法、提高学习效率。

评估可以采取形成性评估与终结性评估相结合的方式。形成性评估包括对每学期学生平时表现各项指标的评估，如单元测验、作业完成情况、课堂表现、自主学习等。在每学期的学习过程中，教师还可以组织学生根据课程要求开展自评和互评，帮助学生了解自己对语言微技能的掌握情况，及时调整自己的学习行为。对于整个大学英语学习阶段而言，考核学生对每学期教材学习掌握情况的期末考试也可以视为形成性评估。这些评估结果数据是教师改进下学期教学的重要依据，同时也是学生调整其学习方法、学习策略以及学习重点的重要依据。

对于按照《大学英语课程教学要求》规定的一般要求进行培养的学生采用四级考试进行终结性评估，对于按照较高要求进行培养的学生采用六级考试进行终结性评估。终结性评估是对教师四个学期教学的效果客观性评价，其结果对调整下一轮的教学具有参考价值。

四、大学英语课程管理机构的功能定位

近年来，社会各界对当前大学英语教育改革的评判近乎狂热。在人们心目中，大学英语教育的效果似乎总是停留在“哑巴英语、聋子英语、烧不开的热水”这种状况中，我们的大学英语教育从来没有像这个时代一样得到如此的“厚爱”，也从未像现在一样遭受如此多的垢病与指责，大学英语教育的尴尬处境可见一斑。造成这种现象的原因是多样的，而其中重要的一点就是缺乏系统有效的大学英语课程管理，对大学英语课程管理机构进行合理的功能定位是大学英语教育发展的关键所在。解决了管理体制特别是课程管理机构的功能问题，大学英语教育才能有效运作、有章可循，从而更好地解决大学英语教育的改革和发展问题。经过研究，我们认为大学英语课程管理机构主要有以下四种功能：管理统筹功能、教育教研功能、激励创新功能和学科优化功能。

（一）管理统筹功能

管理统筹功能是大学英语课程管理机构的首要和直接功能。管理体制的创建和维护、规章制度的制定和落实、岗位人员的设置和优化，其出发点和落脚点就是为了保证大学英语的教育教学等各方面工作有章可循。从学校层面到基础层面，只有完善了大学英语课程的组织管理，涉及大学英语的各教学管理部门和行政职能部门，才能一切按照既有的体制要求和规章制度实施日常管理，确保大学英语教学的各项工作顺利开展。其根本目的是为了维护良好的教育教学秩序，保证大学英语教学工作任务和目标的实现。因此，管理统筹功能是大学英语课程管理机构的根本功能，也最能够彰显大学英语课程管理机构的重要性。

（二）教育教研功能

大学英语课程管理机构的教育教研功能主要体现在两个方面：对教职工的教研功能和对学生的教育功能。在高等学校的制度体系中，有关大学英语教育的领导决策、人事管理以及教学管理等方面的体制都直接规定了学校教职员工在参与学校管理、行使自身合法权利、履行工作职责等方面的内容。学校的教职员工在从事教育教学等工作的过程中，根据体制要求，知道自己应该做什么以及如何做，自觉规范自身的行为，通过体制的指引来明确工作目标和任务。这样，通过体制的引导，教职员工就能从根本上有章可依，有据可循，积极且顺利地开展教学教研工作。

大学英语课程管理机构的构建和完善也对学生具有重要的教育意义。大学英语课程管理机构构建的根本目的是为了提高教学效果，促进高校英语教育的发展，其最终受益者是广大学生群体。在大学英语课程管理体制的框架内，只有理顺管理模式，所有管理者、教师和学生都找到自己的合理定位，在制度规范的前提下开展管理、教学和学习，大学英语的教学水平才能不断发展，学生才能从中获益。因此，大学英语课程管理的构建对学生来说是极大的福祉，具有不可或缺的教育功能。

（三）激励创新功能

创新是国家和民族发展的不竭动力，在高校教育层面上，创新不仅限于科研和教学手段的创造和革新，在管理上的创新也是重要的一环。一方面，完善的大学英语课程管理体制在组织和制度上为大学英语课程管理者和教师提供了根本保障，使得其在工作和教学开展的一线有了靠山和根据，无疑为他们解决了管理层面的后顾之忧。一个好的大学英语课程管理体制在人事、考核和财务方面应当明确而合理，对于调动基层管理者和教师的积极性大有裨益，对于鼓舞他们踏实工作，放手去做有着巨大的激励作用。另一方面，管理上的完善，特别是在职称晋升和评比等方面的制度创新，为广大英语教师提供了自身发展的目标、任务和平台，也为他们进行教学和科研提供了指向性的标准和规范，对于鼓励他们进行教学创新和科研创新具有重要作用；而基层管理者和教师在工作中摸索出的新的管理模式和教学方法，经过实践的积累和经验的总结，反过来为大学英语课程管理体制的完善和优化提供了坚实基础和改革参考，对于管理体制自身的创新也是极大的促进。

（四）学科优化功能

语言教学，尤其是二语教学，是教育学和语言学领域共同的重要研究对象，是多少年来教育学界和语言学界所共同关心的焦点问题。二语教学作为一门学科，自诞生以来方兴未艾，成为语言学研究中的焦点问题。作为一门交叉学科，二语教学不仅关注语言本身的习得，也关注其教学的方式方法和效果。大学英语教学作为我国主流的二语教学，无疑具有其特定的学科特点和属性，值得我们进行深入的研究。事实上，我国大学英语教育开展多年，对于大学英语的研究不胜枚举，甚至大学英语教育本身已经成为一门单独的学科，受到国内语言学界和教育界的密切关注。然而，纵观我国大学英语的发展历程和研究现状，绝大多数的研究集中于教学模式的改革，教学方法的创新和教学管理的完善，少有研究涉及大学英语的整体管理的模式和制度层面。因此，对于大学英语课程管理体制进行调查研究和构建，无疑是对大学英语教育学科的一大发展，对于我国大学英语教育的改革和发展，对于二语教学学科具有重要的优化功能。

我国大学英语课程管理体制以国家外语教育政策为宏观指导，教育部领导相关专业指导委员会制定大学英语教学的标准和要求，各高校协调指挥大学英语教育执行部门制定适合校情的教学大纲，设计相应的教学内容，开展具体的教学活动。在这样的体制框架下，各高校根据自身的实际情况设置自己的管理机构，形成了不同的大学英语课程管理建制。

大学英语课程管理体制的主流形势总体而言可以分为学部制、中心制和学院制三种；其中学部制依据机构的隶属关系、权责划分的不同又有大部制、中部制和小部制三种情况。不同的课程管理体制享有不同的权责，其优劣各异。直属学校的建制享有独立的财务、人事权，其与学校及各职能部门的沟通渠道更便捷，运行经费更充足，教学科研活动更具自主性。隶属外语学院的中部制则具有较大的专业优势，教师的专业归属感相对来说更强，与学院内其他教师的专业沟通更方便，专业发展途径更便捷。小部制目标指向单一，任务明确。不同建制的劣势也依据各自的隶属关系和权责划分而表现出不同的形式。

第二节　我国大学英语课程管理体制的改进策略

我国高等教育的发展以及经济的全球化对高等教育人才培养提出了新的要求，新的培养要求呼唤新的大学英语教育和大学英语课程管理体制。“创新人才的培养，是一个复杂的系统工程，从教育系统内部来讲，需要各级教育行政组织和各级各类教育实施机构的活力和创造性，需要有作为教育管理对象的下一级组织与个人的积极性、主动性、创造性的发挥。”治理理论和组织生态理论为体制的改进提供了理论基础，对国内外大学英语课程管理的经验分析则提供了实践依据。理想的大学英语课程管理体制应该是淘汰各种管理体制的劣势，综合各自的优势，提倡管理主体的多元化，全面调动各级教育行政组织和教育执行部门的积极性和创造力，充分尊重大学英语课程管理各利益相关者的意见，建立一个学校、职能部门、教学管理执行机构、大学英语教师和学生以及相关院系共同协商管理大学英语课程的和谐的课程管理生态体系。

关于大学英语课程管理体制的具体改进策略，笔者将从其改进的取向、改进的原则及改进的措施三个方面展开探讨。

一、大学英语课程管理体制改进的取向

任何问题的解决首先应该是方向的确定，只有正确的取向才有利于目标的达成，否则无异于南辕北辙。大学英语课程管理体制的改进亦是如此。因此，在大学英语课程管理体制的改进中应遵循以下几个取向。

（一）多元主体，共管共治

目前大学英语课程管理人员配置凸显官僚化，忽视师生的管理价值非常明显。具体表现在大学英语课程管理即各利益相关者权力和决策的责任分工不明，以及彼此关系的匹配与调和不当。因此，要提升大学英语教学质量，高校就必须充分调动作为大学英语课程管理利益相关者的行政管理者、教师、学生、学校、企业、社会等各方的积极性，充分听取他们的意见和建议。通过多元参与、反复研讨的方式来达到对大学英语课程管理问题的协同共治。任何一方对问题的看法都难免因主客观条件的限制而出现偏颇，唯有集众人之智，采用网状思维，才能避免和克服一元管理的思维模式，提升大学英语课程管理效能。多元管理“合作共享，有效沟通、民主平等”的理念正符合未来教育的期待。

大学英语多元管理主要强调以下几个方面：首先，管理主体的多元，各管理利益相关者共同参与决策，在决策的过程中，各管理主体根据其与决策对象的利益相关度来划分各自权力的大小，来平衡各管理主体的关系。多元管理可以有效促进大学英语课程管理内各决策层之间的沟通与协调，最大限度地减少他们相互间的摩擦。同时，大学英语多元管理的过程和管理结构应时刻保持其透明性、公开性、灵活性，对过程中的变化情况与不同反馈信息应给予及时回应。其次，大学英语多元管理突出强调各管理主体间密切互动。任何决策或原则性问题的探讨均在各方平等协商、共同参与的基础上展开。随着权力、利益逐渐分化的多中心现代社会的形成，大学也随之走向了多元社会的中心，因而，大学英语课程管理多元主体也就不可避免了。这就需要大学在制定大学英语课程管理政策时需考虑不同主体的利益，始终坚持利益主体的多元化，并且坚持学生利益的最大化，注重保护弱势群体的利益。当然，也必须反思原来一元管理主体带来的弊端，坚持做好权力的分化，确保大学英语课程管理在权力主体、权力层次、权力类型和权

力途径等方面的多元化。使得它们能够彼此依赖，密切互动。再则，大学英语多元管理主体之间是相互协作的关系。有效协商和参与是保证多元管理模式健康发展的基础。在现有的大学英语课程管理现实中，大学与院系及其他大学英语利益相关者之间更多的是管理与被管理、控制与被控制的关系。而多元管理强调他们之间应该变成相互协作、高效共赢的关系。这就要求首先确立现代管理观，摒弃原来的管理习惯，端正权利意识、竞争意识、参与意识、责任意识等。其次确立民主公平价值观。只有在各利益相关者的公平民主参与下，以妥协和理解为基础的契约才能达成，信息才能自由传递，权力和资源的分配与再分配才能更加合理，大学英语的共治才可实现。最后，大学英语多元管理的各利益相关者以多元的方式承担责任，并通过管理过程进行责任的有效划分。比如，院系主要负责资源的获取；专业教师主要负责课程开设、教学管理以及科研项目的申报等问题，而计划和预算则由院系和教师共同决策。管理决策过程应该多样化，尤其是在信息搜集和政策起草这两个阶段。总之，大学英语多元主体共管共治体系应该包括信任互动体系、信息开放共享体系、意见妥协集中体系等。

所有的事情都有一定的制度规则，处于学校治理多元利益格局中，承载不同期望的各主体，以不同的出发点和判断标准影响着大学英语课程管理的组织行为。要在满足多方利益主体的前提下使得大学英语课程管理体制更加合理，大学英语课程管理的使命得以更好地实现，就必须建立合理、民主的现代大学英语课程管理制度，实现多元利益主体关系的和谐化、民主化。本文认为大学英语课程管理制度是一种规则体系，也是一种协调工具，更是一种资源配置方式。因此大学英语课程管理应该牢牢树立依规教学和依章组织的意识，而《大学章程》作为现代大学制度的标志，理应成为各类规章制度的总纲和引领。制度概念具有一定的抽象性，我们将制度具体化和形象化之后就有了“制度设计”的概念。制度设计是规定各类权力主体行为方式和利益分配方式的框架和模式。借鉴已有的研究成果，并考虑我国特殊的大学英语课程管理实际，本文设计的我国大学英语课程管理多元主体共治的制度为：建立以院系为领导的公共外语委员会咨询决策机制，以大学英语教师为主要核心成员的专业委员会执行机制，以学校、社会组织和学生相结合的监督评价机制，最终实现决策权、执行权、监督评价权三权分立，形成院系制纲，教师治教、第三方评价的网络型管理格局。

大学英语课程管理过程中，作为大学英语课程管理内部主要利益相关者的行政管理者、教师、学生通过强化自我职业道德、学术规范等进行自律和自控。通过加强教师、学生对共治理念的理解和多种鼓励措施激发教师、学生参与大学英语课程管理的热情与兴趣，使其明白，参与大学英语课程管理不仅是为保障自己的权利更是对大学英语发展履行自身的使命与责任：针对行政权力“泛化”现象，需要采取一系列措施让管理人员认真理解与体会多元共治理念，约束自己的行为，认真履行职责，尊重教师、学生等大学英语所有利益相关者的权力，避免对学术事务或其他非本职事务决策的干涉；学生作为大学英语课程管理组织成员中的重要一环，要鼓励其利用学生会等社团平台，积极稳妥、规范公正地表达学生自己的意见，陈述学生们的主张，代表最广大学生利益团体向决策机构表达合理的决策建议。

（二）权责对应，权力分享

大学英语课程管理走向权力分享，需要校外与校内的制度协同保障。目前高校普遍存在协调机制欠缺，多方协调无法理顺的问题。令人欣喜的是《高等学校章程制定暂行办法》的颁布施行，要求“高等学校的举办者、主管教育行政部门应当按照政校分开、管办分离的原则，以章程的形式明确界定行政部门与学校的关系，明确学校的办学方向与发展原则，落实举办者的权利和义务，保障学校的办学自主权”。同时要求“各高等学校以章程为依据，制定内部管理制度及规范性文件、实施办学和管理活动、开展社会合作”。这样，大学管理的自主权得到落实，大学英语课程管理体制改革相应的也找到了努力的方向。

现代大学英语课程管理制度的建立与完善必须以学校组织作为发展主体，同时建立和完善有利于大学英语改革发展的外部协调机制，以及建立有利于大学英语发展的内部院系自治机制。就外部协调机制而言，主要工作就是协调好教育行政部门、社会行业与学校自身的互动关系。为了做好三个不同发展主体间的互动协调，就必须切实转变发展主体的各自职能：对教育行政部门来说，更多的是考虑如何简政放权；从社会行业角度来说，就必须思考如何通过市场方式积极参与大学英语课程管理的评价；至于学校自身，就应该着重按照现代大学管理制度的要求来考虑赋予院系自主发展权以及构建院系大学英语自主发展体系等问题。根本上来说大学英语课程管理系统中的集权与分权问题，总的发展趋势是教育行政部门和学校逐步下放管理权力。具体来说是教育行政部门允许和鼓励学校根据自身办学性质、办学类型及办学条件等自主决定和管理大学英语的开设。对学校而言，权力的获得，并非现代管理制度建设的本意和终结，而是学校自主发展的起点和动力。对院系来说，学校要赋予他们根据大学英语自身的发展需要在课程开设、课程评价、财务支持等方面的自主决策的权力保障，以保证院系发展权力的有效使用和大学英语健康发展、持续发展。如果院系运作良好，完全可以跨越到现代英语管理制度的第二个层面，即院系发展的自主自治。总的来说，建立一整套以院系管理理念为基础的院系自主发展体系至关重要。

在大学英语课程管理体制外在制度建设方面。大学英语课程管理体制制度的建立并不只是一个内部管理体制的完善问题，还涉及院系与学校的关系、与教育行政部门的关系等。前者应该被重点关注，建立现代大学英语课程管理制度首要的就是要求转变学校行政职能，落实院系英语管理自主权。需要注意的是转变学校行政职能并不只是简单的“放权”，学校行政职能转变的方式是多种多样的，在职权划分上可以采取“下放”，凡必须下放给院系的职能坚决下放。对于院系能根据大学英语发展实际而又能自主解决的职能，要无条件的“下放”给院系，学校做好规范监督工作；但对于一些院系因自身条件受限无法承担或承担成本过高的职能“转移”给行业组织及社会中介服务组织，或“平移”给学校其他相关职能部门。将评价监督制的制定，经费投入，中外合作教学的组织协调等任务“上交”学校或教育部门。因此，构建新型的院、校关系，必须转变学校对院系的那种指令性管理，更多采取宏观指导性的调控。主要一是可以通过制定规范的制度及设置合理的架构来进行宏观管理；二是通过督导机构的督导和以中介机构为主的评估手段，对院系进行监督引导，同时根据评估效果下拨相应的经费来支持院系的发展。总之，建立现代大学英语课程管理制度并不只是要求“放权”，更应该全面理解“学校职能转变”和现代大学英语课程管理体制的内涵。

就院系的内部制度保障而言，建立以院系管理为基础的院系自治制度，主要包括院系自主、学生与教职工积极参与和共同决策、系部领导权力制衡与绩效责任制等等。在现代大学英语课程管理体制的结构框架下，院系应具有相当的教学自主权，至少包括财政自主、人事自主、课程自主、发展自主。

通过“控制权行政配置”来实现决策权力的再分配。组织激励在大学英语课程管理多元主体共治过程中主要通过以下途径实施：一是赋予各组织机构合法的身份地位，并制定完善的组织规章制度，明确其在共治过程中的权力和责任，使各组织机构在依照已有的各项规章制度自觉行事，做到权责分明；二是通过赋予参与大学英语共治的各利益相关主体更多的权力实现组织激励。

全面执行《高等教育法》和大学章程，进一步落实大学英语课程管理自主权，按照多元主体共治的主要思想，给予大学英语课程管理宽松的政策环境，引入多元投资，吸引更多的教师加入大学英语课程管理与教学团队，打造最优秀的教师群体，重新构建教学管理制度及评价监督制度，放手让他们依规教学，形成学校“谋划大学英语”，英语专家“组织英语教学”，行业协会力量“支持大学英语”的多元互动机制。

（三）分集结合，整体优化

前面我们通过调查，已经很清楚目前我国各高校针对大学英语的管理，无论是采用中心制、学部制还是学院制，总体来说都设置了各自的组织机构来保证其教学的有序运行，主要是由学校的二级单位外国语学院作为直管领导机构，下设大学英（外）语部（系）进行统筹管理。对于实际运行效果，我们通过对管理者的访谈了解到，大部分都认为目前的大学英语课程管理存在机构设置冗杂重叠，管理效率差强人意的现象。正如中南财经政法大学英语教学部负责人举例所说：作为大学英语课程管理的最基层组织，无论是学校教务部门的教学常规项目如课程安排、教师调代课等还是外语学院布置的院系工作如专题学习、课题立项等，我们都必须无条件完成，存在小马拉大车的情况。但若需要申请召开某个专门研讨会议或外出学习时，却不仅要外语学院的主管审批，还要找教务部门、财务部门甚至学校分管领导审批，缺任何一个环节都不行。

因此，我们认为对于大学英语课程管理组织结构的设计，既要考虑分集结合，更要考虑整体优化。整体优化是指在管理过程中最大限度地考虑所有部门和个体的因素，最大限度地覆盖所有管理要素，实施整体规划和整体设计，对所有管理要素及其结构进行全面优化，使系统功能得到最大的发挥。就目前的大学英语课程管理来说，应着重从两个方面来考虑。首先，在纵向的管理层级方面，考虑减少管理层次，使组织结构扁平化。其次，从组织的横向角度出发，应考虑职能部门的整合，加强职能部门之间的沟通与配合。

现行大学英语课程管理存在着较为典型的科层结构，一是强调严格的层级制，每一位领导都对下属进行合法的权力控制，整个组织系统以服从命令、遵守纪律为最高控制原则；二是将大学英语课程管理组织内每一职位的业务范围、工作程序、行为标准以及大学英语课程管理系统内各科室的职责以规章的形式明确下来，使大学英语课程管理各项工作有法可依，有章可循。

因此从大学英语课程管理组织的横向结构来看，组织结构的设计应考虑到各职能部门之间的横向联系，应该有利于各职能部门的协同作战，也就是通常所说的水平整合。整合就是把一些现在分属各部门的职能通过某种方式而彼此对接甚至融合，从而实现信息系统的资源共享和协同工作。其主要的精髓在于各部门为了达到目标协作和相互理解的程度，在于将分散的职能要素组合在一起，并最终形成高效的一个整体。水平整合是指横向联系不相似的职能部门的过程和机制。组织设计的一个必要部分就是决定个人间、团队间、部门间以及院系间水平整合的最优数量。管理层必须注意不要进行太多或太少的水平整合。太少可能导致较低的决策质量和资源的滥用，因为每个单位会只做自己的事情。整合太多所造成的损失也可能远远超过可能的收益。当整合太多时，部门间经常相互妨碍，无法相互帮助完成任务，达成目标。水平整合过程和机制包括团队目标和奖赏、计划、联系角色、交叉功能团队、整合角色和团队以及各种组件帮助。

（四）网络介入，智能协助

科学技术是促进社会发展变革的第一生产力，勇于使用先进技术的组织或个人总是社会发展的弄潮儿。在信息时代，信息量的掌握和运用能力至关重要，而这一切都取决于对网络技术的掌握和运用。因此，随着信息技术的不断发展，大学英语课程管理的数字化、网络化和智能化是大势所趋。信息时代网络所提供的双向交互性，为大学英语课程管理各主体的互动特别是部门间、师生间的资源共享、管理互动打开了另一扇大门。

首先，网络介入有助于实现大学英语课程管理职能的重新建构。借助互联网、多媒体等信息化手段，高校可以大学英语课程管理无论是规章制定、课程教学还是过程监控、结果评价的信息获取、信息传递、信息处理、信息再生、信息利用都可以变得便捷高效。因此，开发建立一个大学英语智能化管理系统，从而使得管理更加规范、更加高效就显得迫切而有意义。

其次，网络可以介入学习，辅助教师开展英语课程教学管理工作。在大学英语课程教学中引入网络，可以学生避免被动地接受灌输，使课程教学变得更加生动有趣，提高教学效果。在网络介入的教室，学生可以非常容易地实现完全自主学习，教师也可以非常容易扮演组织者、指导者、帮助者、督导者的角色，容易成为学生的高级学习伙伴，而受学生欢迎。比如，教一篇大部分学生比较熟悉的主题文章，假若其中的语言不是特别艰深、晦涩，教师就可以大胆地发挥学生自主学习的积极性，首先给学生提供相关的知识背景素材和学习资源网址等，要求学生先行自学并开展小组讨论，然后再由老师对小组未能解决的疑问进行解答或提供思考视角，最后由老师或学生自主开展学习效果测评。这样，学生自主学习能力必将得到提升，学习效果必将更加明显。为此，教师要特别注意借助网络对学生的考察、监督、激励。

二、大学英语课程管理体制改进的原则

近些年，我国高校在大学英语课程管理体制改进要求方面进行了可贵的探索，借鉴了国外优秀的大学外语管理体制改进的部分经验，同时，一些专家学者还提出了不少行之有效的建议。综合各方面研究，我们认为，大学英语课程管理体制改进应遵循以下四个主要原则。

（一）民主性原则：权力下放

民主性原则是现代管理理论中最突出的原则之一。它主要强调的是参与管理活动中的各方在人格地位上的平等，管理主体要能够充分听取被管理者的意见和建议，他的特点在于追求权力下放。

首先，民主平等的管理关系是大学英语课程管理目标得以实现的关键。在学校，参与大学英语课程管理的行政干部、教师相对于他们面对的被管理者很明显

是处于强势地位的，如果他们以权压人，以势压人，不给处于弱势地位的被管理者机会发表对大学英语课程管理的意见建议，民主性就不存在了，管理效果也必然大打折扣。因此，正确运用民主性原则是当前大学英语课程管理体制改进、全面提高管理质量的关键所在。

其次，下放权力是民主管理的重要途径。在大学英语课程管理中，学校要采取多种手段，下放权力，给基层部门、给教师和学生组织以更大的自主权，充分调动下级工作和学习的积极性。

最后，要在整个大学英语课程管理体制改进中着力创设一个信息畅通、资源共享、各方平等参与、良性互动的教与学的环境。因为在这样的环境中，课程管理活动有助于各方资源的充分发掘和有效利用，教学活动有助于学生语言能力全面培养，项目活动有助于部门之间、师生之间合作意识的增强。

（二）辩证性原则：权力制衡

坚持辩证性原则是做好大学英语课程管理体制改进的内在要求。尽管新的管理体制层出不穷，传统管理体制受到抨击和质疑，但传统管理体制并不能被完全取代。事实上，任何一种新的管理体制都是人们在某种范围内根据特定的需要创造出来的。因此，每一种管理模式都有其优越性和局限性，都不可能完美无缺。不同的管理体制，有它不同的优点和缺点，也有使用范围和条件的限制，我们需要辩证地看待每一种管理体制，在推行前辩证地分析新体制的优劣，不能全盘肯定或者全盘否定任何一种。一元管理与多元主体管理无论是在理论基础、权力归属还是管理功能上均存在着较大的差异，关键是如何实现权力的制衡。首先，一元管理的理论基础主要是马克思韦伯的科层官僚制，突出强调权力自上而下的单一集中和科层秩序，表现为大规模的管理组织和等级节制，而多元主体管理理论基础是治理理论，强调权力多主体性和利益的多元性，强调共同协商与合作治理，并无严格的等级秩序。其次，在权力的归属上，一元管理认为，若大学英语管辖权归属于某一部门或者院系，则该部门或院系就具备了行使在某个特定事件上的终极性强制权力，并具有合法性。在这种体制中，由于决策权的不平等，必然带来决策的盲目性和随意性。而多元主体管理体制强调多元利益相关者共同分享着有限的且相对自主的权力，他们共同来决定、实施和评估某项决策。在这种管理体制中，没有任何一个利益相关者拥有终极的垄断权力。最后，在功能发挥上，一元管理体制在保持行动的一致性上有其独特的作用，容易产生规模效益，并且政令统一，减少争执，有利于集权管理；而多元主体管理体制充分考虑各利益相关者的多元化需求，有利于管理的民主创新，有利于减少决策的随意性。它要求管理者在做出决策前必须清醒地认识收集各方信息与需求。总之，大学英语课程管理体制改进是一项十分复杂的系统工程，必须将其本身与学校以及学校外的教育大环境相联系，也要结合历史变革，参照古今中外的管理经验，全面而不是片面地去推进大学英语课程管理体制改进。

（三）整合性原则：权力集约

所谓的整合性原则，就是指在大学英语课程管理中，我们必须要从整个管理及教学工作系统出发，整体全面的思考问题。一切管理都要围绕提升大学英语课程管理效能，从服务大学英语教学质量提高这个大局出发，适当进行权力集约。

首先，要重视整合性设计。在制定教学规划、编写教材、考核评比制度等方面，以最优化的方式将各方的力量与智慧科学地组织起来，吸纳进来，通过有机的协商与研讨，实现整体优化，形成合力，为实现英语教学质量的提升提供有效保证。

其次，要注意开展过程整合。在大学英语课程管理中，既要重视英语教学全过程的管理，又要特别关注教学分阶段的监控管理。只有明确教学全过程管理的目标，才能加强对教学全过程的管理工作，并推动各个阶段工作朝着教学质量提升的总目标前进。同时，也只有将各教学分阶段的任务完成好了，才能使教学提升总目标得以实现。过程是由阶段组成的，任何一个分阶段的管理工作没有做好，全过程管理就会落空。所以，贯彻整合性原则的同时要关注阶段性管理。管理过程分阶段进行，既要符合客观实际，也要根据实际做出及时的调整。

最后，要在处于主导地位的教师与居于主体地位的学生作用间进行整合，同时实现语言解说和媒体演示的整合。传统的大学英语教学，经常会出现两种极端现象：第一种是教师主导型。教师在整个教学过程中既做导演也做演员还要做编剧，纯粹是一种我说你听，我问你答的单一形式，学生不乐意听，教师又辛苦，教学效果很差；第二种是学生自主型，有些教师打着体现学生主体地位的旗帜，完全放手让学生自我发挥，学生自讲为主，教师没有真正指导、参与到整个教学活动过程中去，只是作为一个观众看学生自我表演。这样就不可避免地导致整个教学活动看似热热闹闹，学生很快乐，气氛非常好，可是一堂课下来，学生好像也没学到什么知识，一到考试，学生成绩并没有提升。另外，现代化教学媒体的使用增加了课堂教学的趣味性，所以适当的媒体演示是很有必要的，但如果过多地运用媒体又会“喧宾夺主”。因此，这就需要我们有效地整合教师的主导作用与学生的主体作用，同时有效地整合媒体演示和语言解说的方式。这其实也是课程管理体制作用于课堂的一种最基层的体现。

（四）高效性原则：权力落实

所谓高效性原则，主要是指在管理过程中及时控制和调节相关信息，做出高效反应。这是权力务实而非虚化的突出表现。大学英语课程管理及其教学工作，无论在纵向的科层序列，还是横向的部门与部门，个体与组织之间，只有坚持做到信息传递及时、信息沟通合理，信息反馈迅速，才能对管理过程实施高效控制和调节，才能达到预期的管理目标。反之，如果在管理过程中，信息传递迟缓甚至梗阻，反馈延误甚至没有，整个管理工作系统的功能必然削弱，甚至出现僵化、失控的管理。因此，务必提升大学英语课程管理的效能，特别是抓好信息在计划、执行、检查、评价等各个环节的畅通，做到反馈及时，促使课程管理者能对存在的问题及时发现并做适度分析，最终予以有效调节，使权力得以落地生根。

三、大学英语课程管理体制改进的措施

基于以上分析，大学英语课程管理体制的改进是个系统工程，涉及多种因素，具有动态性特点，应考虑到社会文化底蕴，考虑到随着社会的不断发展及大学生英语水平的不断提高从而进行有效的改进。总的来说，要基于多元主体、权力分享、分集结合、网络介入等取向，坚持民主性原则、辩证性原则、整合性原则、高效性原则进行行之有效的改进。那么我们将对大学英语课程管理体制改进采取哪些措施？

（一）功能定位：从课业指导走向交际服务

任何一种知识的学习都会落脚到实践与应用，语言的学习更是如此。联合国

教科文组织国际教育发展委员会在其著名的报告《学会生存——教育世界的今天和明天》中明确指出：“教育内容和教育方法几乎在全世界都受到指责。教育内容受到批判，因为它不符合个人的需要，因为它阻碍了科学进步和社会发展，或者因为它和当前的问题脱了节。”“许多学校的教学大纲都不能为人们提供有关真实世界的知识，如现在一代人所见到的那样。也不能帮助人们解决他们今天所面临的各种问题。”

语言与现实社会密不可分，学习语言的目的本来就是为现实生活服务，语言学习的最终价值也在于回归到现实社会生活中来，即学生应该把在学校学习到的语言知识和技能运用到现实生活中，这样才能发挥所学语言知识与技能的价值和作用。杜威认为，“教育即生活”“学校即社会”。哲学家维特根斯坦也认为：“生活在根本意义上是一种体验而不是知识，对美好生活的体验要优于美好的知识。”

如果我们的教育脱离了实践，脱离了实际应用，那我们所传授的知识几乎是没有意义的，因此我们要把大学英语的教育从单一的课业指导定位到交际服务中来。用实践与交际进行指导教学，从而达到“知行合一”。从世界的教育史中可以看出，实践在教育体系中一直都存在，这一教育规律是不以人的意志为转移的。我国近代以来，实践教育从无到有，时而占据上风，时而处于下风，历经了无数的曲折，但实践教育始终都没有被彻底排斥在教育之外。随着我国大学英语课程管理体制的实践和研究的不断深入，我们必然会对大学英语实践教育不断加以重视。一门语言学习的落脚点最终归于交际，这种交际从广义上讲是一种进行沟通的各方面的综合的素质，从狭义上讲：是指实现书面交流和口头交流的能力。如果一门语言的学习最终表现形式仅仅是考试的通过率，而无法实现交际服务的目的，也就是说无法形成“知行合一”，那这门语言的学习是失败的。与其同时，我国的大学英语教育也应该深入改革，成为培养综合型人才和创新型人才的重要途径和方法。“要适应可持续发展的时代要求，大学英语教育应克服仅仅关注知识结果获得的功利主义教育观，要着眼于学生的终身发展，重新建构基础教育课程体系和人才培养模式。”

随着社会经济文化的发展，“知行合一”的教育理念和思想在我国未来的英语教育领域中将被广泛地接受。社会将越来越关心和支持人的全面发展，而不单单的对其课业进行指导。与其同时，每一位教师都建立起英语的教育最终将指向交际服务的观点，从而使每一位学生成为教育活动的主体；使他们的语言的学习最终回归现实的生活，为社会交际服务；使教育不再脱离人的生活，而真正成为生活中密不可分的一部分；使他们不再局限于书本世界、知识世界，不再是片面发展而是获得全面发展；使学生不仅仅接受书本教育、知识教育，而是以交际服务为导向进行培养学生，从而真正实现“知行合一”。

（二）机构设置：从科层梯度走向多元平等

俗话说“人管人，管死人”，这并不意味着要彻底取消科层梯度，而是要从科层梯度中去努力寻求一种多元化平等的模式。许多私立和民办学校闯出了一条“办学自主、管理自主、用人自主、分配自主”的自主办学之路，如上海的明珠高级中学、新世纪中学、扬波小学等，证明了办学自主的优越性。既然自主经营的管理体制能为中小学带来活力，大学英语课程管理体制为何不能？鉴于不同学校的校情不同、大学英语课程管理体制不同的实际情况，依据具体问题具体分析以及特色治校的要求，在管理体制上必须因校制宜、区别对待。随着改革的不断深化，学校类型越来越多、学校差异愈来愈大、学生学习的起点亦各不相同，教育行政部门最好是顺应多元化时代的要求，鼓励高校选择适合自身发展的大学英语课程管理体制。比如，武汉理工大学、北京科技大学和江苏大学等，他们基于研究生公共英语教学的专业化特点和学术性追求，将研究生公共英语教学与本科生教学区分开来，设置了专门的研究生教学管理机构，并且在系部层面设置专门的研究生英语教学部（系），其级别较高，专门针对研究生公共英语的特点展开教学教研工作。其特点是在研究生公共英语的课程设置和教学管理上具有较高的独立性，与本科生公共英语教学部（系）各司其职。

在大学英语课程管理体制的改进中，我们应该有这样的态度和思路，一是弱化各个机构之间的上下级别，将权力分散到各个机构中，形成多元平衡的局面。二是将大学英语课程管理制度本身多样化，不断探索大学英语课程管理的新制度、新方法。多元平衡的形式有利于各个机构百花齐放、相互争胜，不仅有利于增强相关管理机构的活力，而且有助于克服千篇一律的管理弊端，更好地培养创新型人才。国际高等教育大众化发展趋势要求高等教育举办体制多元化，大学英语课程管理体制改进的趋势亦是如此。实践证明，单一的课程管理体制不仅不利于大学英语教育的健康发展，不利于满足社会多样化的需求，也不利于提高大学英语教育的质量和效率。

（三）组织制度：从权责规约走向效率优先

“有责无权活地狱”，而只有权责无效率同样是“活地狱”，组织的设置、制度的设立是为了更好地为教育教学服务，所以在管理中，应当把目光锁定在最终的目标上，而不受到其他的干扰。“效率”概念最初使用于经济学领域，指投入与产出的比率。据此，教育的效率可以理解为教育投入与教育产出的比率。在这里，如何理解产出的内涵是关键。在以往的大多数教育研究中，人们将教育产出理解为教育的规模和数量。因而通常都是在特定的教育投入规模范围内，从学校的入学率、毕业率、升学率和学生的学业成就入手分析教育效率。教育具有与经济部门不同的属性，因而从经济学的角度理解教育产出是不全面的，不能从根本上反映教育投入与产出的关系。教育效率的特殊性在于教育产出不仅有数量和规模，而且还有质量；不仅要考虑对个人的贡献率，还要考虑对社会的贡献率。教育的高效率意味着在单位投入（人力、物力、财力）内培养数量多、规模大、质量高的学生。也就是说，教育效率是教育规模（数量）与教育质量的统一。

大学英语课程管理体制要提高办学素质和办学质量就要把目光从权责规约转到效率优先上来，权责规约下的效率低下主要表现在两个方面：一是大学英语课程管理体制改进中关键的一点：权力不到位或权力下放不到位，造成“有责无权”的局面；二是责任过重，导致领导组织进行相关的教育教学工作时，束手束脚，畏首畏尾使工作无法顺利开展。针对第一方面，教育行政部门应下决心继续简政放权。与此相应，研究工作必须围绕如何进一步精简机构，提高教育行政效率；第二方面，拿捏好尺度，权力与责任平衡共存，避免责任的过轻或过重，让相关领导负责人，既能放心开展工作，大胆开展工作，同时也不至于为所欲为，从而切实地提高大学英语的管理的效率。

（四）管理理念：从集中管理走向协商治理

在当前中国的转型政治中，就国家政策的选择而言，民主协商的优势是显而易见的。据此可以推断，在推进基层民主建设的过程中，对于改进大学英语课程管理体制来说，协商民主是一个有生命力的变革方向。在中国大学治理中建立起广泛的协商机制，扩大教师与学生的参与，有助于解决大学教师、行政人员以及学生之间的文化冲突。围绕具体事项的决策，教师和行政人员诉诸理性，充分协调各利益相关方的意见，提出各自的观点和信念；在不断的商讨中，各方不仅表达自己的偏好，也会在理解和接受对方建议的基础上改变自己的偏好；基于此，逐渐形成共识，由共识而最终形成决策。

大学既然是一个开放的社会系统，就应该向社会开放，欢迎社会各方的广泛参与，给公众提供优质的教育服务。学校也是一个公共领域，与社会有不可分割的联系，学校教育因此而越来越成为一项基本的公共利益。由此，学校管理的民主化与公众的参与性越来越凸显，学校管理与社会的直接联系也越来越强了。主要表现为：（1）学校与社会组成联合的管理机构，共同管理学校。（2）学校引入市场机制，重新确立学校与社会的联系，逐步淡化“官学官办”的模式，代之以互补合作和有偿服务的教育结构，学校越来越具有市场化、社会性的特征。（3）学校的职能在扩大。美国提出了“学校成为社区的中心”，在人力和设施方面均为社区提供无偿或有偿服务，并接受社区的直接支持。英国则开始设立“社区学校”，学校由社会办学、社会管理。在这种情况下，学校与社会建立直接联系，社会对学校管理的影响不断加深。社会不仅自身办学，而且也通过各种方式，诸如政策、经费、评估、审议等来影响学校管理。总之，学校的教育政策、发展方向、教育经费、培养目标、师资管理和人事任免等越来越受到这种联合管理的影响，学校管理的社会参与程度因而也越来越高。

教师参与管理也是学校发展的重要动力。在我国，大学被视为是一个基层自治组织，是基层民主实践的空间。广大教职工参与大学的民主管理与决策，不仅应该体现在学术事务上，而且还应该贯彻到行政事务中。大学治理的教师参与应该是多层次、多功能的，在学术事务领域，教师发挥决策性功能；在行政事务领域，教师发挥咨询建议功能，可通过建立以下的协商机制来扩大教师的参与。

1. 决策性协商——教职工代表大会和学术委员会

教职工代表大会和学术委员会可视为由国家法律规定和支持的教师权力组

织，它们就是决策性协商机构。我国《工会法》规定，企事业单位的职工代表大会是企事业单位“实行民主管理的基本形式，是职工行使民主管理权力的机构，依照法律规定行使职权”。1985年教育部、全国教育工会颁布的《高等学校教职工代表大会暂行条例》规定了教代会的四项职权，主要表现在对教职工的工资、住房、福利、卫生、社会保险、劳动安全等涉及教职工切身利益事项的决策。

1998年颁布的《高等教育法》第四十二条规定：“高等学校设立学术委员会，审议学科、专业的设置，教学、科学研究计划方案，评定教学、科学成果等有关学术事项。”学术委员会的职责是评定教师的教学科研成果。后来，教师的职称评审和学生的学位评审也被纳入学术委员会的职责范围。在市场经济体制改革的大背景下，大学的本体功能不断强化，因而需要进一步整合和扩大教职工代表大会和学术委员会的权力职责。社会的福利获得从大学分配转向市场购买，使得教代会的福利分配职责淡化，教代会作为国家法律规定的基层自治组织，应该更多地介入大学的组织规划、发展战略、大学章程等纲领性、方向性事务的决策。学术委员会除了履行现有的职称学位评审、学术成果评定等职责之外，还应该全面介入学科发展、专业设置，教学设计、科研计划等各种具体学术事务的决策。大学行政要逐渐适度退出教代会和学术委员会的运行，给教师群体更多参与机会，使教代会和学术委员会能够真正代表广大教师群体的意见。教代会和学术委员会将来能否有效运行，关键在于两个方面，一是大学领导者的法律意识和民主观念；二是教师群体的维权意识和参与意识。大学治理的完善着力点在于把决策性协商制度化地运行起来，使之成为教师参与大学治理的有效途径和强力保障。

2. 互动性协商——会议互访

互动性协商是指教师、学生和行政人员互相参与对方决策会议的讨论，在会议上倾听对方的意见，了解对方的观点，重视对方关注的问题，同时表达自身观点和政策倾向。互动性协商是以决策性协商的制度化运行为基础的，即上述的教职工代表大会和学术委员会能够独立运行。如果说决策性协商机制强调的是教师的广泛参与，教师在群体内部就所负责的事务进行充分协商，那么，互动性协商是指教师、学生和行政人员之间就相互关联的事务进行对话。大学事务可以大略地划分为学术事务和行政事务，但是，二者之间没有清晰的边界。就具体事务的决策而言，无论决策主体是行政人员还是教师，他们都必须加强沟通与合作，充分倾听学生团体的意见，会议互访机制由此产生。2004 年到 2007 年间，美国密歇根大学评议会执行委员会的历次会议都邀请了学校高级行政人员做主题发言，受邀人士包括副校长、副教务长、人事处处长、体育部主任等，涉及的事项包括教师药品福利、生活健康、大学的多样性等。同理，大学行政会议也应该邀请教师和学生代表参加，听取他们的意见和建议。我国大学治理的现状中，在互动性协商方面仍然存在着空缺：空缺是指大学行政的决策会议极少向教师和学生群体敞开大门。互动性协商的建立有赖于决策性协商的健康运行，以及大学行政议事决策会议向教师和学生群体的开放。

3. 咨询性协商——任务小组

咨询性协商主要是指为提高大学行政决策的科学性而开展的收集专业性意见和建议的活动。西方大学里有各种各样的由教师组成的委员会，负责一些具体事务的调研和信息收集，为相关决策提供科学依据。例如，加州大学伯克利分校评议会有 34 个常设委员会，密歇根大学评议会有 19 个常设委员会。

另外，还有一些非常设性的委员会，它们通常被称为任务小组。顾名思义，任务小组的建立是任务导向的，根据决策的需要而产生，随着决策的完成而解散，一事一议，形式灵活。咨询性协商的意义在于发挥教师在技术方面的专长，鼓励教师为决策的形成出谋划策，从而提高决策方案的科学性。在我国大学决策权力比较集中的情况下，要促进教师的参与，扩大基层民主，增强咨询性协商机制。以任务小组形式出现的咨询性协商不只是征集意见、了解民情，而且体现了教师从专业人员的角度形成的对大学长远发展的判断。任务小组的工作目的是提出几种政策方案供大学行政选择，虽然任务小组提出的政策方案对大学行政的决策没有强制约束性，但大学行政不能无端拒绝任务小组的方案，需要诉诸理性的解释。在我国的政治运行中，一直存在着领导下基层听民意、晓民情的工作传统，咨询性协商机制的建立可以借助于这种传统，使之制度化：一方面，大学行政领导具有尊重民意的向善意志和求真务实的决策理念；另一方面，大学教师要有积极参与公共政策制定的意识。

总之，构建多层次的大学英语教育管理体系，贯彻民主协商制原则，才是英语教学管理体制的关键点。

（五）效能评价：从结果优劣走向流程优化

有效性是判定管理体制的重要指标，因此，大学英语课程管理体制的改进需要以其效能制定为基础。过去，无论是对大学英语课程管理者——教师还是对大学英语的管理对象——学生等的评价都是基于结果优劣的评价模式。因此，我们要从结果优劣的评价转到流程发展上来，也就是说不能单一的看结果的好坏而进行教育评价，比如说：目前，对于英语教职员工的考核主要是年度考核，即通常在每学年结束时对教职员工的工作进行结果优劣的考核评价。考核内容主要是教职员工日常工作，涉及德、能、勤、绩、廉等方面，具体包括：政治思想表现、职业道德表现；勤奋敬业精神、廉洁自律和遵守劳动纪律情况；管理能力的运用及工作创新能力；完成工作的数量、质量、效率和效益。考核结果的等次通常分为优秀、良好、合格、基本合格和不合格五个等级。年度考核结果会记入个人档案，作为工资调整、岗位聘用、职务变动、奖惩实施等的依据。这种结果优劣考核评价存在的问题：评价指标不明确；缺乏完整的考核评价体系。

考核评价本质上应该是一种过程管理，或者称为流程发展，而不仅仅是对结果优劣的考核。它将中长期目标分解成具体时间指标，不断督促教职员工实现、完成各级任务指标。有效的考核评价有利于个人和组织目标的实现。在考核评价这一过程管理中，要强调建立全面考核评价的结果反馈制度。考核评价结果的反馈，不仅仅是简单告知结果，而应进行正式的单独考核反馈面谈。组织负责人经过与被考核者的单独面谈，告知主观与客观评价结果，详细分析考核评分表中各关键考核指标，找出差距并给出合理化建议；可以就上一考核周期工作任务的完成情况、下一考核周期的工作计划以及个人的长远发展目标进行全面沟通，并协助被考核者制定相应的培训和发展计划。所以，推进大学英语课程管理评价显得极为重要。

大学英语教育的质量是政府、社会高度关注的问题。对大学英语教学质量做出科学的评价，是政府宏观管理的重要内容，也是大学自主发展、自我完善的重要基础。比如，对南京大学大学英语课程管理的访谈显示，该校大学外语部成立30年以来，尤其是近10年的学科建设成果，其科研项目、科研成果、科研获奖等大多都是与教学有关的。大学外语部教师获得的校级、省级、国家级社科项目都是来源于课程教学，或是为了解决教学问题；教师作为核心成员参与了全国大学英语教学大纲的制定与修订，全国大学英语四、六级考试的开发与改革项目；获得了多项国家级辞书奖，主持或参与的教材获得了多个国家级奖项；还获得过多项国家级教学成果奖。这种围绕教学搞学科建设的做法与外语学院的做法存在很大的不同。这也是我国各高校大学英语部公共教学性质的一个缩影。

第二章　大学英语教学融合性价值取向的内涵和表征

第一节　大学英语教学融合性价值取向的内涵

英语属印欧语系的西日耳曼语支，其发展过程在一定程度上优于世界其他语言，有历史的偶然也有历史的必然。主要因莎士比亚的伟大文学巨著的影响、“日不落”大英帝国的世界殖民活动、世界最早的英国工业革命成果、遍布世界的早期传教士的宗教传播，英国第一次世界大战的胜利以及美国第二次世界大战胜利后对外的极度扩张等因素，使得英语迅速成为一种世界范围内使用国家与地区最多的多中心语言，在联合国工作语言的使用也当之无愧地成为最为广泛的“国际语”。中国的基础教育尤其是在中学教育阶段，几乎都选用英语作为外语学习的语言。从20世纪九十年代至今，大学生的毕业与否很多都与英语成绩同步挂钩。所以大学英语的教学成了不仅是一个国际性教学问题，而且国内外绝大多数大学都开设了这门公共基础必修课，这门课程的教学也就自然地引起研究者们的极大关注。

一、大学英语性质和特点

（一）大学英语的性质

（1）大学英语由来。首先，“大学英语”一词，是由“大学”和“英语”两个词融合而成，“大学英语”是一门课程之名；其次，这里的“大学”，不同于通常意义上的大学之义，特指为了区别人才培养所言的基础教育和高等教育的不同层次差别，如小学、中学、大学的层次意义上的称谓。我们之所以使用“大学英语”取代“高校英语”的名称，也是因为学习者在三种层级中，其基本知识与教学目标即培养对象等方面均有很大的不同。所以作为课程的英语，便有了小学英语，中学英语，大学英语，当然还可以继续往上发展，如硕士英语、博士英语等。故本研究的大学英语特指其学科定位在本科阶段的课程，即：大学英语是一门以非英语专业本科生为教学对象的公共基础必修课程，其课程意义主要是为大学生咨询和收集信息服务。

（2）性质界定明确。大学英语的性质有明确的界定。2007年教育部印发《大学英语课程教学要求（试行）》（2007）（以下称《课程要求》）规定：“大学英语教学是高等教育的一个有机组成部分，大学英语课程是大学生的一门必修的基础课程。大学英语是以英语语言知识与应用技能、学习策略和跨文化交际为主要内容，以外语教学理论为指导，并集多种教学模式和教学手段为一体的教学体系。”

由于教育教学的发展，为了适应新时代的要求，2017年教育部公布了《大学英语教学指南》（2017），它指出：“大学英语课程兼有工具性和人文性的双重性质，大学英语教学目标是培养学生的英语应用能力，增强文化交际意识和交际能力，发展自主学习能力，提高综合文化素养，有效促进与使用英语，满足国家、社会、学校和个人发展的需要。”

（3）学科属性清晰。大学英语归属于语言类学科，从分类来讲，属于文科类学科，是因为具有文科的特性品质；从教学来看，属于语言教学，是因为语言特征明显；从课程来分，属于综合课程，是因为内容兼有工具性和人文性。在我国，大学英语作为课程，它几乎成为所有高等学校为非英语专业在校大学生专门开设的一门公共必修基础课程，与大学体育和大学思想政治课程并列为大学课程里的三大公共必修基础课，在大学整个课程体系中大学英语课程长期开设，持续不变，占据重要地位。一般而言，大学英语课程设置完整，教材系列完备，教学严谨规范，价值意义重大。因此，其教学行为必须依据学科属性和语言特性施展，不能笼而统之，随意为之；必须根据大学英语课程教学的基本要求，融进英语语言知识、语言应用能力、英语习得策略、文化沟通交流的教学内容；必须依据科学合理的外语教学理论，采用灵活多样的教学方式与方法，遵照教学富有效益、合乎需求的价值原则，采取实用有效的融合性价值取向，大力开展大学英语教育教学活动，唯有这样的大学英语教学才是符合《课程要求》以及《大学英语教学指南》的教学要求，更重要的是可以最终实现语言教学目标。

（二）大学英语的特点

教育部颁发的《大学英语教学指南》（2017）明确指出："大学英语课程是高等学校人文教育的一部分，兼有工具性和人文性双重性质。就工具性而言，大学英语课程是基础教育阶段英语教学的提升和拓展，主要目的是在高中英语的基础上进一步提高学生听、说、读、写、译的能力。大学英语的工具性也体现在专门用途英语上，学生可以通过学习与专业或未来工作有关的学术英语或职业英语，获得在学术或职业领域进行交流的相关能力。就人文性而言，大学英语课程重要任务之一是进行跨文化教育。语言是文化的载体，同时也是文化的组成部分，学生学习和掌握英语这一交流工具，除了学习、交流先进的科学技术或专业信息外，还要了解国外的社会与文化，增进对不同文化的理解、对中外文化异同的意识，培养跨文化交际能力。人文性的核心是以人为本，弘扬人的价值，注重人的综合素质和全面发展。社会主义核心价值观应有机融入大学英语教学内容。因此，要充分挖掘大学英语课程丰富的人文内涵，实现工具性和人文性的有机统一。"

从《大学英语教学指南》（2017）可以看出，从教学对象来看，非英语专业专科和本科阶段在校大学生；从实施者来看，大学英语教师和非英语专业本科生，均是实施者，不过前者主动性大，后者被动性多；从教学目的来看，其目的是让学生在学习英语与掌握英语基础知识和技能的同时，通过积极参与、主动探究，耳濡目染其文化氛围，形成正确的情感态度、价值观念，终至提升跨文化与交际能力；从教学内容来看，一方面学习英语知识技能，另一方面加强跨文化交际培养；从教学实施来看，包括课堂内教师、学生、环境、教材等相互作用的教学活动和课外相关的教学实践活动。2007 年教育部高教司颁发《课程要求》，标志着我国大学英语教学改革的全面展开，2017 年又公布了《大学英语教学指南》，进一步加大了大学英语教学改革进展。但是核心问题仍然没有得到足够的重视，尽管提出了工具性和人文性的双重性理念，却没有进一步深化，从而制约着大学英语教学的良性发展。因为大学英语教学价值取向一定是人文性和工具性的融合，绝非是前者或者后者，也不是两者的叠加，应该是两者的综合性融合，这才是教学价值取向的精髓。“大学英语教学必须重视语言知识与技能的传授，同时也不能忽视学生的情感、态度、价值观等人文素养的养成，必须坚持大学英语教学应该是融合工具性和人文性价值取向的教学，以培养学生的人文素养。”

大学英语教学必然在一定程度上有别于其他的教学，具有独特性。厘清大学这些特性，对于大学英语教学价值取向的实施具有十分重要的意义。具体来说体现在七个主要方面。

1. 公共性

大学英语是大学里所有专业都必须学的一门共同课程。任何一所大学有很多不同的课程提供给不同学科和专业的学习者。大学英语的公共性主要表现在两个方面：一方面，大学英语是面向非英语专业在校学生本科阶段课程，换言之，大学英语是除了英语专业以外的几乎所有大学生共同拥有的课程,公共性特征明显。它具备自身的教学大纲、教学目标、教学评价以及系列教材。其弊端是在开展大学英语课程教学时候，具体的教学要求变动较快较大，有时候比较摇摆，如“大学英语的教学目标是培养学生的英语综合应用能力，特别是听说能力”。这里“特别是听说能力”，却没有直接给出一个确切的标准。同时在教学内容上，明确性也不够，有时候存在随意性和考试化倾向，这些弊端的存在，就使得现在的大学英语教学体系，在标准上还有些泛而不专，距离一个科学的教学体系存在差距。另一方面，大学英语所涉及内容与英语专业所涉及内容不同，英语专业所涉及的英语主要是英语语言学和语用学上的深度元认知学习，而大学英语虽然也会涉及一些基本的语言学和语用学知识，但更多涉及的是各专业大学生在听、说、读、写上反映出来的适合交际情境的公共性知识和文化意识。正是大学英语的公共性决定了大学英语这门课程在各大学所开设课程中的重要地位。目前，我国高校开设的大学英语课程大多数都是各专业学生在前两年的四个学期里必修的课程，总学分为 6 分。教学手段上一般是教师教授课文并解释语言难点的教学方式，大多使用多媒体教学手段,其目的基本在于力图改变大学英语教学过程的枯燥感而已，对教学效果的提升意义不大。简言之，从课程设置的对象及教学内容来看，其公共性特征十分明显。

2. 工具性

大学英语是一门课程，其教学属于语言类教学，而语言有很多属性，其中作为交际性的工具特征就十分明显，语言是用来交流的工具就是这个意思。语言与工具性互为彼此存在，是你中有我，我中有你，它们须臾不能分离。因此，大学英语教学过程一般是如下程序：温习上次学习内容—导入这次所学内容—解释字词句段—布置课后作业。课堂教授教师占支配地位，学生被动接受，知识性传授是课堂的主要内容形式，字词句意的学习与掌握是教学的出发点和归宿，因而，其教学的工具性特点不言而喻。这种工具性价值取向的大学英语教学非常重视外在目的和结果，教学过程仅仅成了达到外在目的的手段。正因为采用这样的教学价值取向导致在教学过程中，“满堂灌”“主讲静听”“播音教学”等教学方法成了传统大学英语教学的主要方式。学生的情感态度、思想观念、文化差异、人格品质、学习情怀等人文性意识几乎可有可无。教学主体性中两大主体学生和教师地位不对等，师生关系被当作了客体与主体的不变关系，学生不自然地被看作了学习中的“客人”，以人为本的教学价值意识有意无意地被忽略，学生作为教学主体角色淡化，学习中“静听”与被动的状态磨灭了学生积极参与、共同探究、自主学习的热情，达不到教学目标所要求的语言交际能力与人文素养共同提升的目的。大学英语教学既是课堂理论教学也是社会实践性活动，通过学习—实践—再学习—再实践的方式，一方面理论素养得以提升，另一方面实践能力得到提高，其实践中工具性特征明显。

3. 人文性

作为一门语言课教学，“以外语为工具”的教学理念，还必须高度重视语言是形式与内容的统一体的语言本质，语言是社会文化生活的产物，是当作交流的工具，因此，人类社会活动中使用的语言，不仅是工具，也是思想、文化体现等，因此，强调工具性不能否认语言本身蕴含的人文性。大学英语课程不仅是一门语言基础课程，也是拓宽知识、了解世界文化的素质教育课程，兼有工具性和人文性。大学英语教学不但要教给学生语言知识、技能，更应帮助学生学习和了解英语国家和地区的文化，了解中西方不同的思想观念及思维方式，使学生增长见识，开阔视野，培养批判性思维能力，进而提高学生的人文素养。在教学实施中注意挖掘教材中蕴含的人文精神，通过影视鉴赏、场景对话等方式适当扩展教学内容，培养学生的人文精神，塑造学生的人文品格，这也是大学英语教学价值取向的应有之义。

语言是文化的载体（Culture-loaded），其本身就可以看作是一种文化的现象。大学英语教学涉及中西语言与文化的交融，通过融合与互补，各自的优势得以发挥，这种教学过程潜移默化地让学生浸润在两种语言知识与文化的海洋中，任意驰骋遨游。而大学英语教学的目的不仅是语言知识与技能的获取，更不是英语考试的通过，而是要运用知识技能应用在跨文化的交际中。所以，其教学人文性特征明显。

4. 基础性

《大学英语教学指南》（2017）指出："大学英语是高校教学中的一部分，在众多的课程中有着不可替代的位置，所以应该设置为大学在校生的基础课、必修课。"该指南对教学基础性内容做出了一些描述，涉及英语知识与技能、跨文化交际意识和交际能力。这里的知识与技能、跨文化交际意识和交际能力既是大学英语教学目标要求，也是大学英语教学基础性的关键要素。大学英语的基础性还体现为：以掌握语言共核为主，掌握语言变体为辅。语言共核的掌握是学生进一步自学和深造的基础。对于任何一个人来说，要想把一种语言的所有内容都掌握是不可能的，大学生也一样。通常来说我们只能掌握语言中最常用的内容，比如在记忆单词的时候，我们一般只能记住比较核心的部分；对于语法的学习，也只是了解到常用内容；对于文化中习惯用语，更是只能知道和使用我们已经知道的部分；和别人用英语进行交流时，绝大多数的情况下，我们只会使用最常见的一些用语。也就是说"掌握语言共核就是大学英语教学的核心目标"。这是其基础性的表现形式所在，由此可见，大学英语所具有基础性，也体现了其所涉内容的基本性。

大学英语基础性的另一个表现在于课程设置的时段。大学英语一般都是在大学一年级和二年级开设，其基本理由是：首先，与中学英语内容有一个基本的衔接，有内容与难易程度的逻辑发展关联性比较明显；其次，教学目标上也体现教学的基本要求是英语基础知识与技能的获取以及文化意识的浸染。其基础性特征明显。

5. 跨文化性

大学英语的跨文化性是与其实践性相对应的。大学英语教学目标有培养学生的跨文化交际意识的要求。所以跨文化交际能力的培养成为大学开设大学英语主要教学目的之一。大学里丰富多彩的英语教学实践活动无不反映跨文化的特性，近期部分大学，在建构主义的影响下，“情境”“会话”“交流”“合作”等模式逐渐开始由英语专业教学向大学英语教学传播，这种盛行的文化教学法也反映大学英语的跨文化性的根本所在。

我们可从三个角度来理解大学英语的跨文化性：一方面，从我国大学生学习英语的环境来看，我国大学生作为拥有汉语文化背景的中国人学习英语，其同时受到汉语文化和英语文化的影响，其时常在两种文化之间纠结、理解和释然；另一方面，从我国大学生自身发展来看，在当今高度国际化的时代里，我国大学生作为高层次受教育者，必须直面国际化带给他们的机遇与挑战，需要在汉语文化和英语文化之间进行沟通、协调和融合；再一方面，从我国大学生学习英语的行为本质来看，我们接受英语教育最终不是去发展英语文化，而是在学习并吸收英语文化的基础上，发扬中国文化。因此，大学英语教学过程中必须处理好，创新（吸收英语文化）与坚守（发扬中国文化）的关系。其跨文化性特征明显。

6. 针对性

大学英语这门课程除了具有公共性和基础性之外，还具有针对性。大学英语的针对性，可从两个角度来理解。首先，大学英语应该结合各专业特点进行开设。虽然大学英语是面向所有非英语专业大学生开设的公共性课程，但面对不同专业的大学生，由于各专业自身的特点，其课程和教学的目标、内容等都应有所差异，以便满足大学生由于各自专业领域不同而产生的对英语知识的特殊需求。其次，大学英语在层次上不能简单重复中学的基础性学习，而应该体现对高层次人才的专门性培养。近年来，在我国高等教育大规模发展过程中，大学英语在具体的课程设置上出现了一些不利的因素，在这之中最为突出的就在于区别性，主要是和高中阶段课程的区别不够明显。我们将这两阶段的课程进行比较，他们在目的、方式和要求是十分相似的，甚至可以说两者之间不存在任何的差异。高中阶段的教育是为了让学生通过学习获得一个较为综合的运用语言能力。而大学英语教学目标是培养学生的综合能力，既包括英语知识与技能，也包括跨使用英语进行文化交际的意识与交际的能力。这样的结果带来的影响使得大学英语在教学上处于一种尴尬的地位，原地踏步重复高中内容。在全球化背景下，对大学英语教学提出了新的要求，需要在原有的教学上有所提高。“将大学英语发展成能够适应社会需求的教学模式，提高学生的水平和社会适应性”，其针对性特征明显。

7. 实践性

大学英语既是理论课教学也是实践性教学。其实践性可以从两个维度来理解:第一，英语的工具性决定了大学英语的实践性特征，工具的意义就是实践应用。英语是通向世界的工具，目前世界网络语言绝大部分是以英语出现，联合国工作语言中，英语排名第一，其实践性特征明显；第二，实践性教学法逐渐盛行起来，可以从一个侧面印证大学英语的实践性特征。所谓实践教学法，顾名思义，是指依据教学目标要求与教学原则，运用所学知识与技能具体开展问题发现与分析并解决问题的过程。如教师教授课文变成学生演示课文，这不仅是教学方法的改变，更重要的是教学理念的变革。通过学生先前准备，再到课堂自我演示—相互讨论评价—思维碰撞—总结提升的教学过程，充分展现了实践性过程，有利于英语知识与技能的掌握与运用，这里的掌握与运用就是一种实践性过程，也符合大学英语工具性特征要求，进而增强实践能力。其实践性特征明显。

二、大学英语教学价值

根据马克思主义的观点，价值指客体属性对主体需要的满足程度。以此延伸出的大学英语教学价值主要指大学英语教学自身对其相关主体的满足程度。大学英语教学主体主要包括学生、社会、学校以及文化本身四个主体，相对应的是大学英语教学价值表现出四个方面：具有促进学生发展的价值、推动社会进步的价值、促进学校提升的价值以及推动文化交流的价值。

（一）促进学生的发展

教育是人类生活的一种特殊形式，与人类相伴而生，其目的是促进人的发展，这是所有教育活动的固有价值与功能。教学作为教育的下位概念，促进人发展的功能也是其固有功能。大学英语教学作为教学的下位概念，促进大学生的发展也是其内在的价值。对比教育、教学与大学英语教学三者之间的关系，三者之间存在层级性，而大学英语教学属于最低层级，也是操作性最强的一种教育形式，因此我们这里主要是从大学英语教学本身出发讨论大学英语促进学生发展的价值。根据2017年教育部颁布的《大学英语教学指南》（2017）：“大学英语对教学具有提高综合文化素养，以适应我国社会发展和国际交流的需要。”基于这样的教学目标，大学英语教学促使大学生的全面发展主要通过两种途径来实现，即提升大学生的人文素养与国际交流能力的提升。

1. 提升大学生的人文素养

关于人文的内涵，《大不列颠百科全书》认为：“人文，是指人的价值具有重要的意义。”是人实现其存在价值的一种必备的素养。说到底，“人文包括人与文”两部分。这里的人指的不是生物的人，而是指具有社会属性的活生生的生命体。文指文化，是人类生产生活智慧的结晶。就人与文之间的关系而言，文是人的文，文也只有依托人其存在价值才能得以彰显。人隶属于社会，文化是人在社会生活中体验、凝练与感悟出来的，因此人、社会与文化之间存在着内在的复杂的逻辑关系。社会是载体，人依托于社会传承与创造文化。人文素养指的是具有社会属性的人通过对人类社会的认识与了解而产生的一种对人的理解、责任、关怀、同情以及人对自身思维与行为的审视与反思。人文可以通过自己对生活的体验与接受教育两种途径来得以提升，而针对人短暂的生物生命而言，教育则是提升人文素养最有效的途径。

综合而言，大学英语提升大学生人文素养的价值主要表现在三个方面。一是就课程的性质而言，大学英语属于大学课程体系中的公共必修课程，具有基础性特征，是许多非英语专业大学生毕业的必要条件。大学英语与大学语文是高校普及最广的两门课程，在大学的课程体系中二者同属于提升大学生人文素养的课程，其差别在于大学语文是以汉语为载体，而大学英语则是以英语为载体。二是就大学英语课程的类型来看，英语主要包括专业英语与大学英语两种。尽管现在部分高校正在逐步探索在大学英语课程中融入与学生所学的专业相对应的内容，但事实上，目前大学英语课程内容仍是以非基础性、普适性的内容为主。与英语专业学生所学的英语不同的是，大学英语的内容兼具基础性、普适性与广泛性特征，其主要目的在于以英语教学为载体了解世界历史、文化以及风俗习惯等，以此增长学生的人文知识。专业英语更多关注的是专业技能的培养，其广度相对要窄，深度要深。因此，大学英语本身是提升学生人文素养的课程。三是就课程内容来看，大学英语课程内容的涉及面广，但更多停留在了解与理解的层面。其目的在于通过学习了解、理解并尊重异族文化，培养学生的全球意识。例如部分大学英语课程中有介绍英语国家的节日，如情人节、母亲节、万圣节、圣诞节、复活节等的内容，也有介绍英语国家饮食习惯的内容。学生通过对此两部分内容的学习，既可了解英语国家的信仰与饮食习惯，同时通过对此种文化的了解，也有助于学生更好地理解他国、他族文化，并从中吸收其文化中的精华，例如对母亲节相关内容的了解可以加深学生对母亲的尊重与敬佩。因此从内容上看，大学英语对于提升学生的人文素养具有积极的价值。

2. 提升学生的国际交流意识能力

随着信息技术与交通的飞速发展，人与人之间的时空距离变得越来越短，人与外界的交流愈加频繁与高效。从国际角度来看，国家与国家之间的频繁交流成为一种必然，也是国家共同发展、互利互惠的需要，因此生活在现代社会，并会成为未来社会主体的大学生需要具备国际交流意识与能力，这样他们才能在未来的社会中正确应对与处理各种社会事务。

首先，大学英语作为一门语言课程，本身具有工具性特征。大学英语的学习过程事实上是巩固和提升大学生英语水平，促进英语交流能力逐步提升的过程。例如，通过对大学英语教学听说课程的学习，让学生掌握基本的听说技巧和听说能力，而当学生具备基本听说能力以后，其在与来自英语世界对人的交流过程中的障碍相对要小，至少能做基本的生活上的沟通。学生在掌握英语沟通能力的过程中，逐步培养起想与英语国家的人交流的意识与冲动，这种交流的意识与冲动反之可以增强学生学习英语的动力。在此意义上，大学英语教学具有提升大学生国际交流的意识和能力。

其次，大学英语教学对大学生国际交流意识与能力的提升还可以从学生所学专业的视角展开讨论。对于大学生而言，其学习的核心和重点是在自己的专业上，就专业知识与其对应领域的研究范式来看，主流英语世界国家的相关研究范式处于主导地位，因此了解相关学科领域的世界发展趋势，掌握英语国家研究的优势，对于学习者而言尤为重要。从目前来看，对他国研究状况的掌握主要有两种途径，即阅读相关的译著与直接阅读相关的英文资料。对于研究者而言，阅读译著是退而求其次的方法，因为译著在翻译的过程中本身注入了译者的思想，没有任何一位译者能把原著的思想完全表达出来。此外，译著还具有滞后性的特征，不是他国本土研究最前沿的资料。然而，阅读相关的英文原著可弥补译著存在的两个缺陷。相比较而言，真正的学习者更愿意阅读原著。阅读英文原著需要掌握英语，大学英语作为大学生的必修课，它可以提升大学生的英语阅读能力，引导学生阅读相关专业领域的英文原著。这样的阅读可以增加学生对英语国家相关领域的及时了解，开拓其视野，提升学生对英语世界相关专业的学习兴趣与信心。此过程同时也是学生国际交流意识与能力提升的过程。

（二）促进学校的提升

学校是教学的载体，教学是学校的本质功能，二者是相互依存的关系。高校与教学的关系是先有学校后有教学，教学是维护学校存在之需要，也是促进学校发展与进步的需要，因此教学是高校必需的构成要素，是学校进步与发展的动力源。大学英语教学作为大学教学的重要教学形式，其存在同样是我国教育发展之需要，也是我国高校发展的需要。这是从纯教学的视角对大学英语教学价值展开的讨论。具体到课程教学的层面，每门课程教学同时具有自身的有别于其他课程教学的价值。在此视角上，大学英语作为一门以外国语言为表现形式，同时也是涉及国外社会、文化、经济、教育以及科研的课程，其存在本身具有促进学校提升的价值。这里主要是从学术全球化与课程国际化两个维度展开讨论。

1. 学术全球化

学术全球化指的是在学术研究过程中需要具备全球化的眼光，综合全球相关领域的研究成果，站在全人类发展的高度开展研究，这是学术全球化的本质内涵。就目前世界范围来看，学术全球化需要三个方面的内容做支撑，即具备全球化的理念，了解全球范围内相关领域的研究知识，掌握全球化的沟通工具。

首先，全球化理念是学术全球化最核心的东西，是全球化能否顺利实施的基础和前提，缺乏全球化的理念，全球化几乎成为不可能。因此学术全球化必须要全球化的理念做支撑。大学英语是以英语世界文化知识为主的知识构成的课程，它可视为我国大学生了解与认识世界最基础、最重要的途径。学生通过对大学英语课程的学习，逐渐熟悉和了解英语国家的文化，从而激发把自己的专业学习与国外研究结合起来的想法，或者说激发起具有走出国门的冲动，逐步用一种全球化的思想、理念来看待自己的专业学习与研究。

其次，从了解全球范围内相关领域的知识来看，大学英语课程本身是对他国文化、相关科学研究知识的介绍或呈现，大学生学习他国语言与知识，了解他国的文化、相关学科领域的基本知识与观念，从而促使其在学习过程中把专业学习与大学英语教学有效结合起来。尤其是当前部分大学在大学英语课程改革的过程中已经增加了专门用途英语的相关内容，这样一来，大学英语教学与学生自己的专业学习更加紧密，从而也推动了学生更加全面地掌握世界及他国相关领域的研究状况。

再次，英语目前是全球使用地域最广泛的语言，这种全球使用最广泛的交际用语，十分有利促进全球化的进程与效率。大学英语教学作为学术全球化的一种重要交际工具，其价值主要体现在两个方面。一是从学术交流的基础而言。学术全球化的前提是基本的语言交流，即最基础的非学术性的交流语言，如日常的生活沟通、文化交流、工作方式交流等，这是了解一个国家学术发展必须具备的条件。它能使研究者更加深入、具体地了解某种学术思想及成就产生的土壤，使得研究者在学术交流过程中不仅能知道相关专业领域的研究，他国是怎么做的，而且能知道某种学术思想或成果产生的文化基础，这样更有助于我们的学术研究。大学英语中涉及大学生基本的英语听、说、读、写等综合能力的运用部分，从学术交流的视角而言，主要承担这种此功能。二是从具体学术交流工具的视角而言。具体的学术交流需要具体专业的语言做支撑。这类语言通常是该专业研究范式的标志之一，如果不懂得相关的专业术语，研究者也无法了解相关的研究范式，其结果是难以开展相关专业的学术交流。就大学英语教学内容而言，具有相关专业英语教学内容被设计其中，可以让大学生初步了解本专业相关的研究概况，具有哪些核心术语和研究成效，这样大学生才能具备最基本的使用英语的能力并与国际上其他研究人员进行学术交流，同时学生也不断地具备用英语阅读本专业著作、期刊等文献的能力，了解本专业研究的国际动态与发展趋势，并使自己的学习与国际接轨。

2. 课程国际化

在全球化思潮的冲击下，我国的教育国际化程度愈发加快，从幼儿园、到中小学到大学以及硕士与博士阶段都逐渐融入了国际元素。在此大背景下，高等教育的国际化始终走在前沿，而且在所有的教育阶段中其效果是最好的。“高等教育国际化的核心是课程国际化，它是高等教育国际化的必然路径选择。”根据经济合作和发展组织（OECD）定义：国际化课程是一种为国内外学生设计的课程，在内容上趋于国际化。当前我国处在改革开放进程中，高等教育的国际化课程无疑也是主要是通过英语这一目前世界通用的语言来实现的。大学英语教学作为基础性的大学英语课程，其必然成为课程国际化的依托和路径。从学校发展层面而言，课程国际化会促进学校与国际接轨，最终促进学校的发展。

大学英语教学的课程国际化价值主要体现在三个维度。首先，从大学英语自身的工具性价值而言，这门课程本身训练的是学生综合运用英语知识的能力，是学生可以直接了解世界的一种途径，在此意义上，大学英语本身是一门国际化的课程。其次，从学生对专业的学习而言，大学英语培养了学生基本的运用英语的基本能力，学生可以以此为基础学习相关的用英文撰写或讲解的英文课程，从而推动学生的学习走向国际化。再次在国际化的背景下，越来越多的学生拥有机会出国交流学习，学生可以不断夯实大学英语学习，提高英语综合能力，走出国门，“真刀实枪”地开展对外交流与合作。最后在全球化的背景下，国外学者或学生来国内学习交流的机会也较多，学生通过大学英语的学习以后，学校在专业学习上可以把国外留学生与国内学生合在一起开设课程，学生在学习的同时还可以与国外学生交流、研讨，这也是对大学英语课程国际化的一种贡献。从发展的视角而言，大学英语教学成为课程国际化的推动力，课程国际化加速了学校与国外的交流，在一定程度上，这也是提升学校办学实力的标志。

（三）促进社会的进步

从人类社会发展的历史来看，人类社会的发展历史事实上是一部技术史，几乎人类社会的进步都是围绕技术的革新而进行的。技术的更新带动了生产生活观念、知识与方式的更新，从而使得整个人类社会在技术更新的带动下向前不断发展。技术更新的源头是人的更新，最核心的是人观念的更新。追溯其源头，人的观念的更新需要人类社会良好的环境，它是人类观念更新最基本的保障条件，因此关于人类社会的进步我们可以从技术更新与和谐的社会环境两个视角展开讨论。

1. 推动社会的技术性进步

技术是由两部分构成，即可操作部分为技，支撑技的原理与知识称之为术，社会的进步既需要技的推动，同时也需要术的支撑。大学英语教学作为我国社会的一项教育活动，其对社会的技术性进步价值主要通过两个方面来体现。

首先，大学英语教学是教育活动的一种形式，其本身具有技术性特征。其技术性主要表现在教学过程的设计、实施以及教学设计过程中对现代教育技术的使用上。就教学过程的设计与实施而言，它包括了教学的基本要素，如教师、学生与教材以及教学环境等，把基本要素组合起来的过程本身是一个技术过程，当然在此过程中也会融入一定的艺术性因素。就教育过程中对现代教育技术的使用来看，现代教育技术的使用能够把学生带入相对真实的模拟环境，这对于语言学习而言是非常重要的，在此意义上大学英语教学过程本身带有技术性。从教育自身发展的历史而言，不同历史阶段教学的发展需要从技术上进行更新，以此作为提升教学效率的途径，对教学效率的追求需要相应的技术做支撑。在此意义上，大学英语教学过程本身是技术运用的过程，同时该过程也是社会不断进步的过程。

其次，人类社会的进步需要技术的推动，英语作为人类交流的工具，在某种意义上它是技术的载体，因此大学英语教学中本身涉及技术性的内容。一是大学英语本身涉及技术性的内容，包括相关的技术性词汇、专业术语等，掌握本专业的相关词汇与术语有助于学生更好地了解专业自身的国际发展状况，以及国外相关研究结论、设施设备的运用与操作情况，并使其能为我所用。学习者运用该技术的过程本身也就是推动社会进步的过程。二是从语言表达的视角来看，英语表达本身也是一门技术，学习者通过学习提升自己的语言使用技术，而语言的使用本身是人类社会进步的一种标志。从语言使用的角度看，大学英语教学本身具有促进社会进步的价值。

2. 促进和谐社会的形成

社会和谐是指社会上人与人之间的和谐，其前提和基础是认同，即认同他人的文化，只有在认同的基础上，人与人之间才能相互尊重，避免冲突，和谐社会才能形成。不同的圈子界定导致和谐的基础有所差异，小到家庭，也可以大到世界，如和谐班级、和谐家庭、和谐单位、和谐社区、和谐国家、和谐世界等。如果以世界或民族为切入点，世界的不和谐与民族间的不和谐是目前比较严重的不和谐情况。两种不和谐的根源都是对他国或他族文化的不认同造成的，因此消除不和谐的根本原因是提升认同感。

从当前世界的发展来看，国家与国家之间的联系愈发紧密，形成了经济发展的产业链。国家与国家之间形成了依存关系，其竞争更多的是发展理念与技术上的竞争。而这种理念上与技术上的竞争需要和谐、宽松的环境，因此和谐是社会发展的目标。就教育自身的功能而言，培养具有良好素养的人是其主要目标，而这种良好的素养主要包括尊重、包容、关爱他族、他人的积极心态，这种心态可以帮助学习者以和谐的观念来对待与处理他国的能力。

大学英语教学事实上是一种基于英语世界文化与汉文化之间的跨文化教育活动，其有助于我国大学生更加清楚、真实地了解他国文化，认同并尊重他国文化，逐步形成一种全球观，为把我国的和谐理念推向世界奠定基础。具体而言，大学英语的和谐价值主要表现为两个方面。一是大学英语教学活动的过程本身是学生认识他国文化、科技以及社会发展的过程。在此过程中，学生认识、了解并欣赏他国文化的心态逐渐形成，同时学生也学会结合自身的文化背景鉴别他国文化的优劣，逐步形成文化认同与包容的心态，这是和谐心态形成的基础。二是和谐源自沟通，沟通包括文字上的沟通与口语上的沟通。沟通能增进了解、找准定位、缩短距离。大学英语本身是语言教学过程，其学习有助于增强学生的文字沟通能力，如阅读英文文献，通过文献找到自己的优势以及与对方的差距，从而也是一种客观的态度去理解他国的文明成果。就口语的沟通能力而言，因交通与信息发达的原因，人与人之间的交流愈发频繁，无论是面对面的沟通与交流还是其他的语音交流都需要具备基本的口语表达能力，这样双方才能正确理解对方的意思，在此意义上，沟通过程也是逐步减少误解的过程。

（四）促进文化传承

从广义的视角而言，所有的教育皆可视为文化素质教育，即教育都具备促进文化素质教育发展的功能，这是教育的本质功能之所在。从文化素质教育的视角而言，大学英语教学本身是文化传播、传承与创造的活动，通过教学活动学生的文化素质得以提升，在此意义上，我们认为大学英语教学具备这样的功能，既可以促进文化繁荣，也可以促进文化传承。具体来讲，其促进文化传承的教学价值可以从两个方面展开讨论，即促进多民族的繁荣与推动文化的输入与输出。

1. 促进多民族的繁荣

民族繁荣是民族文化的繁荣，多民族的繁荣事实上指的是多民族文化的共同发展，包括政治、经济、科技与教育等方面的共同发展。民族之间发展的差距太大容易形成狭隘的民族主义，从而引起社会的混乱。从此角度来看，多民族共同繁荣也成为必然趋势。这既涉及民族自身的生产生活，同时也关涉到全人类的发展。从文化的载体而言，民族文化的载体主要是人，人是文化繁荣的主要动力，因此提升人的文化素质成为一种必然途径。从人类的角度来看，这种促进民族繁荣的文化素质教育不是单个民族的文化教育，而是以全球各民族文化为素材的文化素质教育。其目的在于形成共荣共存的文化观，学习他族文化的精华，尊重他族文化，共享他族的文明成果。基于民族文化繁荣的文化素质教育需要教育发生的载体或平台，而大学英语即是我国大学生了解他族文化，学会理解、尊重他族文化的重要途径。

大学英语促进各民族共同繁荣的价值主要通过三个方面来体现，即促进沟通与交流，学习他国的先进文化成果以及亲身体验他国的文化元素。首先，沟通与交流是繁荣的基础，繁荣正是多民族文化在相互的沟通、交流与碰撞中产生的。这种碰撞包括政治、经济、科技与教育等各领域的碰撞，碰撞需要碰撞的平台，而英语作为目前世界上使用地域最广泛的语言，它本身是最有效的沟通与碰撞工具。大学英语正是为提升我国大学生这种有效的沟通与交流能力服务的，而这种沟通与交流能力是促进民族文化共同繁荣的基础，在此意义上大学英语具有促进民族文化繁荣的价值。其次，学习他国，尤其是英语世界国家先进文化的成果是促进民族文化繁荣的重要途径。大学英语本身属于跨文化的课程，课程内容中的主要内容包括对他国语言对运用、社会、文化以及科技、教育等发展情况的介绍。尽管这种介绍较为基础，但是从文化的角度来看，它确是我国大学生了解、学习他国优秀文化成就的窗口。此外，它还有助于大学生审视我国自身的文化，并借助他国优秀文化成果发展自身的文化，最终推动民族文化的共同繁荣。再次，大学英语的教学过程本身是亲身体验他国的文化要素的过程。在当前国际交流合作日益广泛的情况下，部分大学都招收有留学生或交换生，因此非英语专业的学生通过大学英语教学课堂获得了与国外学生面对面交流与讨论的机会，面对面的交流与学习加强了各民族之间的沟通，促进相互之间更加深入的了解，从而可以消除预先存在的某些偏见，这也有助于促进民族的共同繁荣。

2. 文化的输入与输出

全球化是当前世界发展的趋势，各民族正是在全球化的过程中相互学习、取长补短、共同繁荣的，因此文化输入与输出在某种意义上是融为一体的。文化输入与输出是文化繁荣的重要途径，在输入与输出过程中，文化主体才能在对比的基础上认真审视自己的文化，吸收他国优秀文化成果，并促进民族文化的共同繁荣。大学英语是我国大学生掌握、学习他国文化的重要途径，其所承担的功能中包括文化输入与输出两种职能。

首先，文化输入的价值主要体现为大学英语主要是以英语世界文化为主所编写的教材，从教材的视角来看，它本身是一种文化的输入。学生通过对大学英语的学习，了解了他国文化发展的基本情况，并把相关的优秀文化知识内化在自己心中，这本身也是一种文化输入的过程。我国人民长期具有学习、包容他国文化的优良传统，对于他族优秀的文化成就我们是从不排斥，而是以一种包容的心态去学习与接纳，大学英语教学为我国学习他国优秀文化成果提供了可能，它推动了我国大学生对国外文化的认同与接纳，在此过程中我国的文化被注入了新鲜的血液，这本身是促进民族文化繁荣的过程。

其次，大学英语的文化输出价值主要通过两种形式来实现的，即沟通能力与文化输出的机会。就大学英语教学的目的来看，其主要是让大学生掌握基本的英语交流能力，包括生活上的交流与专业领域的交流，学生具备这样的能力后，才有机会、有能力与他国人员真正的交流，这也是实现文化输出的必要条件。同时，从大学英语教学过程中国外学生的参与而言，教学过程中不仅仅讨论与研究的是国外文化，同时也涉及部分与此有关联的中国文化。国外学生在此过程中可以了解中国文化，形成对中国文化的正确认识，这个过程事实上是文化输出的过程。

三、大学英语教学价值取向

大学英语教学是一种涉及实现语言学习价值的课程教学，因而，我们在具体分析大学英语教学价值取向时，可主要从价值论、语言学理论、主体论和课程与教学论等相关理论中获得信息支持。

（一）大学英语教学价值取向内涵

1. 价值论

“价值论一般地说就是关于价值的哲学。”从哲学角度来说，目前哲学家关于价值论的看法并不统一。但是，根据价值论奠基者们的看法：“价值论研究人类生活中的各种价值现象，以寻找普遍存在于伦理学、美学、宗教学、法学和经济学等学科中的‘某种共同的东西’，进而从各种具体价值中发现某种基本原则。”由此可见，价值论不仅涉及人们生活世界中的各种价值现象，而且还涉及这些价值现象中共同关涉的核心价值问题。这种核心价值问题即是指“要启迪人的生存智慧，为人类如何有智慧地生存提供指导，以引导人类真正过上幸福的生活”，其通常为派生出“个人与他人、个人与社会的关系、社会之间的关系问题以及人类与自然、与宇宙的关系问题”。显然，根据对价值论的哲学思考，不难发现，价值是一种属于人的现象和范畴，人是产生价值、理解价值、分析价值等系列价值活动的关键因素。也就是说要讨论价值问题，我们只能限定在人的视野和人的活动范围之内，我们不可以离开人而谈论价值，即价值问题不能泛化到人之外。因此，“只有与具体的活生生的人(主体)相联系，与人的具体的社会生活、实践相联系，一切具体的价值现象才能得到恰当的解释和说明。没有人，也就无所谓价值。”由此可以肯定地说，“价值活动是人特有的一种本质性活动，人也因此才是一种价值的存在”。

2. 价值论对大学英语教学的影响

大学英语教学作为一种提升个人素养的课程教学活动，其价值意义重大。我们知道教学活动既是一种个体性的个性活动，也是一种社会性的群体活动，因此，当我们视社会群体作为教学主体时，教学的价值则体现为一切教学活动的开展都是为了社会范畴中的各类人才的培养，即对各种社会人才培养的满足或适应程度；当我们视个体人（师生）作为教学主体时，教学的价值则体现为师生通过参与教学活动而得到某种满足，从而增加个体生命中的幸福感。诚然，与教学价值主体相对应的是教学客体的确立。通常，教学价值客体所涉及的范围量多面广，但是主要还是教学环境、教学内容、教学组织、教学手段、师生各自的内心客观世界以及由此引发的特定师生关系等。这其中至少内含三个关键性要素：一是教学价值及其实现，必须受到当时主客观条件的影响与限制；二是教学价值及其实现必须受当时特定社会环境或环境变化产生影响下相关情况的制约；三是教学价值及其实现还受到具体教学活动环境的影响，如本研究中所涉及的具体教学活动环境则是较之其他教学而言有着特殊表现的大学英语教学活动环境。在价值论的哲学思考中，已经明确了价值与人是密不可分的哲学问题，而大学英语教学是一项“人参与的具有涉及主体需求与客体满足之间关系的实践活动，”因此价值论对大学英语教学可以有诸多的影响。概括起来主要有四个方面：第一方面，区分价值主观性与主体性。主观性指从主体自身需求出发去处理应付客体；主体性指主体是以人为核心，是人有目的开展活动的特性。价值来源于人又服务于人，换句话说，价值是在人的需求得到满足中产生的，也会因人因事发生变迁而表现出不同的价值意义。所以，对于大学英语教学价值来讲，各层级的大学生来自不同地域，拥有不同背景，持有不同思想意识，享有不同的价值观，对大学英语自然会做出不同的价值评价，原因无他，乃是价值本身具有主观特性和相对特征，而言及的对象本身并不存在价值问题，对象的价值完全是他赋的，是主观对客体的主观判断。第二方面，反对“主体需求”说。价值的核心是人的问题。人是客观存在又有主观意识及主体特性。价值的客体性是相对人的主体性的，在教学中，定然涉及教学价值的主体与客体。大学英语教学价值的理解必须基于大学英语教学能否满足教学对象即客体需求，这种客观需求具有客观属性，不能以主体需求为价值基础，因为大学英语教学价值在本质上可以理解为是一种客观事物的具体呈现，其教学价值不能主观性或主体性做出判断，其价值客观存在，具有绝对性。第三方面，明确价值对象需求意义。“首先，尊重价值是人的需求与满足需求对象之间的关系，也是主客体之间的一种现实关系。其次，大学英语教学价值不单纯是客体属性，也不单纯是主体的需求，而是实施教学的主体需求与实现教学价值客体属性之间的现实关系。”由此可以看出，大学英语教学客体属性与教学主体需求之间匹配度有多大，就意味着客体属性满足主体需求在价值实现程度上的质量。一般而言，需求满足量越大，价值实现就越多。所以这种客体属性与主体需求的价值关系不能主观臆测，具有客观性。第四方面，坚持价值是客体对主体需求的满足。教学价值的意义在于对象客体对教学主体的意义实现。也就是大学英语教学客体的属性与功能对大学英语教学主体的需求能够保持适应和一致，使大学英语教学主客体的价值关系成为一种现实效应。“大学英语教学价值不单纯表现为客体的属性，也不单纯是主体的需求，而是客体或客体的某种属性、功能对于主体需求的满足，客体和主体的需要两者缺一不可，客体价值的大小等于满足主体需要的程度。”由此可见，大学英语教学的主观价值论、客观价值论、主体需求价值论、客体适应价值论，不约而同地都表达了一种共性，即大学英语教学价值也是一种主体和客体相互作用的结果，只是由于它们各自所基于的侧重点不同，而形成了各自不一样的看法。所以，大学英语教学及其教学价值的主体、主体需要、客体、客体满足主体需求，客体满足主体需求的目的都是为了完成和实现大学英语教学的终极目标，因而，我们认为只有这样的大学英语教学才能真正获得教学价值的意义。

3. 大学英语教学价值、价值观和价值取向的关系

在概念界定中论述了他们的概念，但是，既然本研究主要是关涉大学英语教学价值取向问题，那么，我们有必要专门就大学英语教学价值、教学价值观和教学价值取向进行适当地区别，以便帮助人们更好的理解大学英语教学价值取向的内涵和意义。首先，就教学价值和教学价值观而言，二者差异显著。大学英语教学价值是指大学英语教学实践活动本身所固有的属性与能够满足大学师生或相应专业的社会领域所表现出的某种特殊需要之间的特定关系，而大学英语教学价值观是指大学英语教学所呈现出来的结果对教学主客观需求满足的总看法。其次，就教学价值和教学价值取向而言，大学英语教学价值取向是指参与大学英语教学

的师生关于教学价值的认知倾向。再次，就教学价值观和教学价值取向而言，教学价值观总是具体的，具有个体性的意义，如某部分师生关于大学英语教学的价值的具体的个性化的看法，而教学价值取向是一种相对稳定的行为倾向，或者说其反映的是大多数大学师生关于大学英语教学价值的一致看法。可以说，教学价值取向不仅指向过去和现在的看法，还指向未来，即指导人们对未来的价值预测和判断。因此，大学英语教学价值取向总是介于某种教学价值观和具体的教学行政之间的。也就是说，大学英语教学价值取向总是基于一定的教学价值观而形成了能够指导具体教学行为，或做出某种预测行为，或做出某种判断行为等。因此，"大学英语教学价值取向往往受某些具体教学价值观的影响，同时其又指导和规范着人们的某种具体教学活动"。通过前述分析，可以发现，有关价值论的研究为我们具体深入地理解大学英语教学价值取向，提供了最为核心的思想基础，或者说为我们对大学英语教学价值取向的积极理解划定了理论范畴，同时还为我们在新的时代背景下具体思考大学英语教学价值取向提供了思维空间，这将合理有效地指导我们于新时期对大学英语教学价值取向进行积极改革和创新。

（二）大学英语教学价值取向形态

1. 大学英语教学价值取向的工具性

我国"大学英语教学的出现是中国政治、经济的时局所迫，是在外力催促下产生的。它的价值主要体现为一种实用工具"。中国近现代外语教学开端是开始于京师同文馆，当时，清政府办同文馆主要是为了培养外语人才，也是迫于"借法自强"的目的。英语教学在这种教学语境下自然不会单纯地只注重学生素养的熏陶，而掌握听、说、读、写的使用技能就成了外语教学最根本的本意。因此，外语教育功利主义的倾向就成为我们无法回避的事实。蔡元培曾在北京大学坚决主张取消学生实用之心，强调学商科不是为了经商，学法学不是为了当官。大学不是风向标，不能什么流行就迎合什么学科。大学要满足社会的需要，但又要能引导社会前进。然而，令人遗憾的是，在大学英语教学中，我们大都抱有"春播秋收"的功利心态，极其迫切地期待学生经过 2 到 3 年大学英语教学，就能收获完美的产品——听、说、读、写、译的语言技能均有较大发展，并误以为学生语言技能的掌握便是教学成功的标尺。

目前，我国大学英语教学价值取向的工具性主要表现在其应试教学痕迹过于彰显。首先，大学英语教学的目的具有较强的工具性痕迹。《课程要求》明确规定："大学英语教学目的是培养学生的英语综合应用能力。"但实际上我国大多数高等院校开展大学英语教学的目标是帮助学生通过大学英语四、六级考试。大学外语教学指导委员会在对全国 31 个省市 530 所高校调查发现，"确定为保持或提高学生的大学英语四、六级考试通过率是大学英语教学'重要'或'较重要'目标"的学校，985/211 院校占 54.1%（65 所 /120 所），其他一般院校占到 75.6%（311 所 /411 所）。大学外语教学指导委员会对 226 所大学开展调查，有 42.48% 的学校把大学英语四、六级考试与学生的毕业证或学位证挂钩。其次，大学英语教学方法具有较强的工具性痕迹。我国大学英语的课程设置很多是适合或针对各种英语水平考试的。目前，各大学开设的大学英语必修课程和听力、写作、翻译、口语等选修课程都是应四、六级考试及其他各类英语水平考试需要的。课程的名称和考试内容和项目几乎一一对应。因此，这些课程名义上是为了培养学生综合应用能力，其实质就是强化学生应试综合英语知识，即培养应对各类考试的应试者。再次，教材方面也有很强的工具性痕迹。根据国内现有市场上使用最多的大学英语教材的调查发现，课文的选择和编写基本上都是以四、六级词汇为核心，追求四、六级词汇的覆盖率和复现率，对超纲任意删除和替代，并且在每个词后面都用符号表明四级词汇、六级词汇和超纲词。不仅如此，教材的联系形式也尽量和四、六级考试题型保持一致，甚至直接编写大学英语四、六级考试模拟试题放进教材中。

英语技能是外显的、外在的，而语言素养却是内在的，存在于心灵深处。英语知识与技能人们普遍习惯通过考试方式来进行量化或者衡量，有具象化倾向。但是学生在学习过程中所浸染的人文素养却实在难以用考评加以量化。北京外国语大学张中载教授曾明确指出："由于外语本身的功能性以及市场经济功利的支配原则的导向下，外语教学重制器轻育人，重功利轻人文。"由此可见，工具性取向不可能当作大学英语教学价值取向。

2. 大学英语教学价值取向人文性

自改革开放以来，在语言教学上外语界（尤其英语界）存在重工具轻人文的教学价值倾向。对此不少学者开始意识到它的不足。如研究者罗益民撰文表明立场，以翔实的事例为据，对外语教育以工具性为主的危害性进行了批判；研究者杨忠也同样义正言辞对语言教学的工具性理念提出了自己的质疑。他们不仅提出问题，还有提出自己解决问题的思路，如学者张绍杰主张："大学外语教学要淡化工具性，强化人文性。"随着通识教育在我国高校中受到重视和普及，大学英语的人文素质教育作用逐渐得到强化，这是可喜的一面。2010 年 5 月"全国大学英语信息化教学改革成果总结暨外语通识教育与课程设置高层论坛"提出了新的大学英语课程设置思路：大学英语 + 教育课程。并认为："现在的大学英语教学急需转变观念，不应拘泥于教学，只讲求结果形式的变化，而应该本着教育的目的，进行深化内涵的内容变革，大力培养学生的思想，提高学生的全方位素质"，"英语课程不再只是单纯得语言技能课，而应该是兼具一些富有文化内涵，尤其能推广中国文化的课程。"这就意味着我国大学英语教学价值取向逐渐转向人文性。

在全球化风潮引领之下，英语已成为语言世界的霸权，内圈国家长期主导着整个英语教学的思潮和论述，多数英语研究者也追随西方国家的英语教学理论、教学方法和教材。目前全世界约有四分之一的人口使用英语，远超过以英语为母语的人数，过去内圈国家对英语的所有权（ownership）开始遭受质疑。有些专家指出已经没有任何一个国家或民族可以宣称拥有英语的所有权，因此所谓标准英语的分界在全球化的时代里越来越模糊，进而呈现英语多元中心现象，全球开始有多种类的英语或英语体出现，应对不同的社会文化环境发展当地的英语用法。

即使是内圈国家如美国、英国、加拿大、澳大利亚等国家的英语，彼此在发音、拼写或语法上都有或多或少的差异。这说明在全球化的语境里，所谓的标准英语在英语世界里的定位与意义逐渐被质疑，人们开始挑战和抗拒这个标准英语主中心的位置。

大学英语教学价值人文性取向首先表现在教材内容的选用。目前，我国使用的英语教科书议题内容的编写多限于英语系国家的文化和社会议题。这些教材编写的基本假设为：英语学习者都应该熟悉英美国家的文化背景和社会形态，有朝一日当这些学习者来到该国观光留学或从事商务交流时方得以沟通无碍。如此的教材编写前提仍是以英语系国家为主体出发，鼓励世界其他国家或文化实体前来熏染并进而追随其价值系统和社会制度，因此在内容上根本无法反映我国当地的生活经验，在教学上也不见得能适用于我们的教育体制和环境。全球化视野对于教材使用的看法是兼顾语言的全球文化沟通和本土文化认同的功能，除了用英语学习各国风土人情外，亦需针对我国特殊文化情境，在教材使用上增加社会生活相关的议题。本土的英语题材贴近学生的生活经验，通常较能引起学生的学习兴趣，本地教师也比较容易教授，不像在处理外国文化议题时，常因教师未曾与该社会生活或缺乏社会语言知识而难以理解，甚至产生错误的诠释来误导学生。针对英语教材问题，教育部明确规定大学英语教材实施一纲多本政策，鼓励不同地区依其政治、经济、文化背景编写具地方特色的英语教材；从国外直接进口的教材是无法通过审核的，必须采取和我国出版社合作的模式，由中外英语教学专家共同编撰适合国情的版本。这种中外合编的英语教科书，最大特色为内容涵括中国的人文历史以及世界各国风土人情。书中的人名中英共现，而在介绍西方科学成就之余，不忘提及我国发射卫星及太空飞行的成绩；介绍西方绘画大师时，同时也可加入国画大师齐白石的事迹；其他议题如文学、风景、动物、体育、环保、交通等也都是中外内容兼具，使用这样的教材才能达到全球沟通和本土认同的精神。

四、大学英语教学融合性价值取向

有关大学英语融合型教学价值取向的阐释，我们拟重点介绍其基本内涵，但在介绍其基本内涵之前，有必要对大学英语教学价值取向为什么走向融合性做一定的交代。

（一）大学英语教学价值取向从单一向融合转换

大学英语教学的价值追求存在多种取向形态，然而，就当前大学英语教学的价值取向来看，我们究竟追求一种什么样的价值呢？基于对大学英语教学价值取向的现实反思，我们发现其主要实现从单一走向融合。

1. 单一性大学英语教学价值取向的现实反思

当前单一性大学英语的教学价值取向主要表现为实用价值的主导与人文价值的衰微。

大学英语教学要为国家与社会发展服务，大学英语教学社会价值必须得到大力关注。有学者提出：“大学英语教学目标的定位从来不是孤立的纯学术性问题，而是与国家对外改革开放的政治经济需求紧密相关的。用跨越式发展方式来描述大学英语教学改革正说明了国家利益和政治需要高于一切，是符合培养应用型人才这一大学普通教育总目标的。”“教育是为社会服务的，外语教育也不例外。”还有学者从价值关系的角度探讨了外语教学的价值，认为，人们应该认识到：“社会价值需求对外语教育价值的决定和制约作用，认识到外语教学的价值在于培养出社会所需要的外语人才，外语人才之所以成为人才，就是因为他具有外语能力。”还有学者认为“英语教学要着眼于全人发展——着眼于学生的全人教育，意味着发挥学生的主体作用，注重学生的全面发展。”除此之外，有学者还提出“中国英语教育不应该仅仅停留在技能训练的层次，而应该真正成为素质教育”。

从以上论述中不难看出，社会价值与实用价值还主导着大学英语教学。当下，中国社会急剧变革，政治、经济、教育、文化、艺术，各行各业都发生着翻天覆地的变化，英语作为对外交流、通向世界的工具性价值被推向极致，这样一来，大学生英语水平与能力就成了他们毕业与就业的重要砝码。具有较好的英语技能以及某种专业学识的毕业生，在就业市场上受到追捧。这就注定了英语教学实用性、培养实用型人才在相当长时间内成为大学英语教学主基调和主旋律。然而，要培养实用型人才的重任就必然落在了语言技能的掌握上，由此成为大学英语教学要培养的人的一种规格或标尺。应该说，这些目的的指定主要以社会发展为出发点来培养学生能力的。

因此，如果单纯从社会的角度来要求英语教学，就会忽视教学应以促进人的社会化和人性化统一发展的不懈追求和最高目标的事实。显然，在这种态势下对大学英语教学内在价值的管制之声显得有些衰弱。

2. 外在语言技能价值的凸显与内在语言能力价值的缺失

在教学目标方面，过去的《课程要求》强调以培养学生的阅读能力为主，目前的《课程要求》和《大学英语教学指南》教学目标是综合英语能力、跨文化交际意识和交际能力。针对此，我们认为，它仍旧只是概括提出了听、说、读、写等英语应用能力的培养目标或语言行为目标却忽略了语言教学的认知目标，更没有涉及情感目标。因此，外语教学目标抽象、单一、片面的传统模式还没有被打破，一个全面、具体、多元化的外语教学目标结构尚未构建起来。对外在语言技能的过分关注就会导致对内在语言能力的忽视。而语言能力的获得需要语言习得过程中人的情感因素的参与、语言本身对学习者思维的介入、语言的意义与学习者以往经验的交汇以及学习者文化理解力的生成等多种因素的整合。

（二）大学英语教学价值取向的转换——融合性取向

大学英语教学不仅是作为学生了解外国文化的一个窗口，更不是获取某些证书的敲门砖，而应该是一种具有自身教学规律的生态化体系。显然，当前的大学英语教学所表现出来“实用价值的主导与人文价值的衰微”和“外在语言技能价值的凸显与内在语言能力价值的缺失”等现实矛盾，决定了大学英语教学不能满足于现有的单一型教学价值取向。其必须走向一种融合性价值取向。对此，我们还可以从两个方面进行更深入的阐述。

1. 大学英语教学的工具性和人文性密切关系决定了其需要深度融合

大学英语教学的工具性主要表现为在教学中培养学生应用英语来汲取信息和交流信息的能力，包括专业信息和文化信息。倘若培养的学生不具有有效利用英语工具来为专业发展和个人进步汲取与交流信息，就谈不上对世界文化的吸纳与融合，更无法参与国际事务的交流、谈判、合作与竞争，英语的工具性价值凸显。同时，大学英语教学是兼备工具性和人文性的。这种双重属性表明工具性是教学与发展的前提，人文性是通过教学工具性来实现的。因此，我们不能把语言的工具性作用与语言的素质作用对立起来。他们的实质是一个硬币的两个面，是不能也无法分开的。无论是了解世界文化、扩大国际视野，还是提升国际竞争力，服务国家核心战略，都是外语工具性的具体表现和结果。因此，我国现代大学英语教学价值应该兼具工具性、人文性的融合性价值取向。

2. 大学英语教学的“仿真性”生态环境

决定了其必须摆脱二元思维，实现深度融合。从语言学、教育学和大学英语多年的教学实践来看，我国的大学英语教学有其特殊性。对于英语，中国人作为外语来学习的，这和许多作为第二语言的学习很不一样。因为，外语学习、外语教学的特殊性就在于它需要有一个尽可能真实或者接近真实的语言环境，构成一种有利于外语学习的教学生态。就是说，学生、老师接触的环境就像在英语国家一样，或者就像在英语国家的学校那样，在这里，除了国家制度、意识形态、理想信念、教育方针、教学内容和政治立场不同之外，其他的尽量与英语国家相同或者相似。这样的话，大学英语教学的效率将会大大提升，当然这是一个极度理想化的要求，事实上很难实现。因此我们就需要引导大学英语教学朝着这个理想的生态环境发展，这就需要我们首先摆脱非此即彼的二元思维，构建一个具有工具性、人文性为一体的融合性大学英语教学价值取向。

（三）大学英语教学融合性价值取向释义

传统的大学英语教学习惯性强调英语课程的“工具性”教学，教学方式上着重字、词、句、段的机械式训练，重语法规则积累，基本忽略了英语的“人文性”，导致英语学习只有知识点，没有知识体系，学来的东西支离破碎，不能落到实处，实用性不强，以至于对大学英语教学产生了负面影响。

随着《义务教育英语课程标准》（2011）的实施，英语界也最终达成了“工具性和人文性的统一”的共识，陈琳教授指出：“工具性与人文性统一的提法符合当前课程改革的基本理念，也有利于课程目标的展开和实施。提倡工具性和人文性的统一，进而为学生终生发展、全面发展奠定基础，这是《义务教育英语课程标准》（2011）最主要的突破之一。”大学英语与中学英语的发展存在逻辑脉络关系，随着《义务教育英语课程标准》理念的变迁，大学英语教学价值取向也发生了相应的变化，融合性价值取向就是必然的选择。

大学英语教学必须兼具工具性和人文性才具有一定的价值意义，并以此理念来提高英语教育教学质量。在大学英语教学中既注重语言教学技能训练，又注重学生性情陶冶；既要加强他们人文素养的提升，又要立足学生综合素质全方位提高，在英语教育中实现全面的发展目标。通过对大学英语学习，促使学生知识技能与人文素养共同进步，科学精神与国际视野同步发展，促成工具性和人文性的有机融合，进而为学生个人发展与全面进步打下坚实的基础，这是我们大学英语教学的目标。与此同时，大学英语教学价值的实现不能没有依规，而是应该落实在学习和应用英语的教学过程之中，应是润物细无声，如春风化雨般潜移默化、相互关联地发生发展。苏霍姆林斯基说过：“教育者的教育意图越是隐蔽，就越是能为教育的对象所接受，就越能转化成教育对象自己的内心要求。古人也说过：“理不直指也，故籍事以明理；情不可以显出也，故借物以寓情。”大学英语教师要秉持教学价值取向，发挥教学思想与教学才艺，在工具性和人文性融合两个方面勤学苦练，就可能让大学英语教学价值实现如沐春风，文道合一。

正如上面所说，传统的大学英语教学中，教学比较强调词汇熟悉记忆和语法知识积累与掌握，比较关注听、说、读、写、译等基本技能，而对于教学内容所蕴含的人本思想如情感品质以及价值观念等人文主义的精神内涵，重视程度很不够，甚或“忘却”重视与“茫然”重视。这不得不引起我们的警惕，恰如前面所论述的那样，大学英语教学价值“隐含”的情感态度、价值判断、文化意识等一定要在教学过程中，通过深挖、体悟、凝练等方式，以坚忍不拔的意志，高举工具性和人性融合的价值取向旗帜，并落实在教学活动中。总而言之，在应对大学英语教学时，工具性与人文性融合的价值取向主要体现在以下几个方面。

1. 以工具性为载体落实人文性

以英语知识的学习形式为着眼点，进而做好学习文本的研读，相继渗透人文性意识，可以较好地实现大学英语教学工具性和人文性的统一。第一，利用心理学原理。心理学家认为：“凡是新奇怪异的、形象直观的、灵活多变的刺激物体或方法手段，往往容易引起学生注意力的聚焦，更加容易诱发学生的兴趣，训练他们良好的学习情绪体验。”大学英语教学价值中的人文性和工具性，互为彼此。但是工具性作为落实人文性的载体，这一点可以从这一阶段大学生的年龄特点来看：好奇心重、求知欲强、热情高涨，倘若大学英语教学吻合这些特征，就很容易引起他们的兴奋，促成他们形成语言学习迸发点。这可以看作是一种工具性利用；第二，利用现代信息技术。随着现代科学与信息技术的不断发展，形式多样、花样翻新、量大面广、真知灼见的语言与信息输入成了可能，教学前后，学生可以接受到海量的无限真实的语言内容和真实情境，他们真真切切地可以体悟到很多栩栩如生的英语学习材料，犹如进入异域环境教学。同时在有条件的地方，充分利用现代化教学手段，通过展示与演示的模式“原汁原味”地呈现出来，如身临其境去感悟英语国家的人情风貌、习俗规范、生活方式、行为习惯以及价值观念等，把英语的工具性作为语言学习的载体进行人文性的培养和训练。这样做的优势在于：一是工具性的认知得到加强，二是人文性素养得以经历，学生学习兴趣得到激发，学习方式得到改进，学习效率得到提高，从而以英语语言的工具性为载体落实人文性的统一。

2. 立足英语工具性弘扬人文精神

大学英语教学的英语语言的能力不仅局限于“听、说、读、写、译”等工具性目标，还在于：第一，使用英语语言将自己内在思想、情感态度、思维意识等能够不失真地予以表达，第二，使用英语语言对自己或他人对我们共同的家园、人类命运可以真情地给予阐释。所以，人文精神所蕴含的情怀也是需要语言文字这种工具去交流与传承，至此，我们可以说，从广义的范围来讲，人文精神与语言文字是一种叠合、融合、换言之，在这里他们可以看作是同质体，是互为你我，相得益彰。即人文性内涵通过语言文字外在形式溢出，假如没有语言文字这个工具的载体，内心心境的表述就没有依托，就会像“空中楼阁”，成为“无本之木，无水之源”。

所以，大学英语教学活动至少内涵两项意思：第一，大学英语教学价值不能止步于语言知识与技能的传授，而是要深入挖掘教学内容的“潜在内容”；第二，与语言融合的方式，是将内容的内在意义与语言的外在形式有机地融入一体。也就是我们常说的英语工具性的形式与内涵人文性的方式“真情对碰”，闪耀出智慧的火花，从而有效地将“人文性”润物细无声地滋润在大学英语语言教学活动的全程中。

3. 从工具性与人文性的契合点入手潜移默化地实现统一

在具体的大学英语教学实践中，“人文性”与“工具性”这一对概念常常被人有意无意地实体化、具象化，甚至可视化。好像“人文性”与“工具性”是可以看得见摸得着的客观事物，把他们当作了静态的客观物体。换言之，毫无疑问这是对“工具性”与“人文性”本义的理解出现了偏差所致。“实体化”或者“可视化”的“人文性”与“工具性”之所以存在一些师生意识中，也就不难理解了。我们认为这种理解显然不符合两对概念的本质，之所以出现在教学价值的认知里，其症结就在于把大学英语教学过程中使用的一些方式方法不可为地具象化，想当然地认为某个教学环节是工具性类别，而某个环节就是人文性类别，更有甚者，还有人故意人为地按时间划分出工具性和人文性的区别，于是一堂课被无形中划分为前半段或者后半段各属于工具性或者人文性，且依样画葫芦地机械照搬地开展教学活动。

美国教育家和心理学家布卢姆认为：“认知领域与情感领域是密切交织在一起的。每一种情感行为都有某种类别的认知行为与之相对应；反之亦然。”换句话讲，“大学英语教学中的‘知识与技能’，是和在训练这些‘技能’过程中获得这些‘知识’时所体现出来的‘思想态度’‘人文情感’紧密相关的”。我们可以这么说，在大学英语教学活动过程中，教学的任何一个步骤，每一个环节，“工具性”与“人文性”不可能决然分开，科学地讲，单纯的“工具性”和“人文性”教学其实都是无法在任何教学包括大学英语教学中存在的；反过来，“任何一次‘语言技能’的训练，任何一种‘语法知识’的获得，任何一个‘人文’教学环节的具体实施，都黏附着特定的课堂教学价值观。因此，我们应该从工具性与人文性的契合点入手潜移默化地实现两者的统一。

英语专家钱冠连教授认为：“语言当然有其工具性的一面，但语言的本质远远不是工具论能说清楚的。不认识语言的非工具性方式，就不能说我们认识了语言的本质。不揭示语言的非工具性的一面，就大大地歪曲了语言的本相……语言不是思想的工具，语言本身就是包括思想方式在内的一整套生活方式或游戏方式……语言作为文化载体，生活在其中的人，远远不是拿语言作表达媒介，而是将语言作了本土文化心理的依托之物。”由此可知，本文所提倡的大学英语融合性价值取向其实质就是指大学英语课程教学是工具性和人文性的有机融合，具体就是，在大学英语教学过程中英语知识与基本技能当然要进行一些“工具性”操练，达到熟练的程度，以便为“人文性”的教学添砖加瓦，同时还更要在教学中有意思地基于“工具性”方式融合“人文性”的文化内涵，潜移默化地将以人为本的人文精神真实自然地融合到大学英语教学的全过程中，从而实现教学“人文性”和“工具性”融合性价值取向。

第二节　大学英语教学融合性价值取向的表征

大学英语教学价值作为一种具有潜在性的存在，具有多样性。其融合性价值取向作为其多种价值取向中的一种，具有与其他价值取向不同的特点。大学英语教学的融合性价值取向蕴含在其学科性质中，涵盖在其教学过程中，其实现需要教师在一定教学理念的规范和指导下，以精心设计实施课堂教学作为条件，体现在学生的语言表达和语言行为中。根据大学英语教学融合性价值取向内容的深入分析，我们发现大学英语教学融合性价值取向体现以下四个方面的表征。

一、工具性与人文性融合

工具性和人文性不仅是大学英语教学的本质属性所在，也是大学英语教学价值之所在，只不过是以工具性和人文性彼此融合的形态存在。工具性和人文性的融合是大学英语教学融合性价值取向的表征之一。

（一）对大学英语人文性和工具性的解读

在我国，英语作为一门外语，兼具工具性和人文性是一种规范成文的性质。根据 2017 年教育部所颁布的《大学英语教学指南》，“大学英语课程是高等学校人文教学的一部分，兼有工具性和人文性双重性质”，但是在日常的英语教学中，不同的教育者往往因为语言观和语言目的的不同，而倾向于认为英语在我国具有工具性或者具有人文性，因此，大学英语及其教学具有工具性往往是很多人的常识性看法。

工具理性（instrument rationality）是法兰克福学派的一个重要概念。工具理性在韦伯的理论中被称为“合理性”，称为工具理性缘于霍克海默和阿尔多诺的改造。它“把自然界堪称数学上可掌握的可推论的量化的世界，使自然知识抽象为量的数学化体系而具有实证论或决定论特征”。“工具理性追求知识，追求工具的效率和各种行动方案的争取抉择。”“它以获得实效为最终目标，忽视对人性的关照，其特点是确定性、标准化、规范化、数量化和普适性。”语言的工具性指的是语言是一种工具，这种工具用于三个方面，即交际的工具、思维的工具和文化传播的工具，其中交际的工具被看作是语言的最主要的工具性。在这种工具性的左右下，语言的交际功能被视为英语学科的唯一目标。而这一目的的实现根本在于语言符号的掌握，语言符号的掌握即是语言的掌握。由此，语言被简化为语音、词汇和语法。在坚持语言工具性价值的大学英语教学中，语言被认为是语音、词汇和语法三者的简单相加，大学英语的学习被认为是对语音、词汇和语法的学习。甚至很多学生认为，只要学习了足够的单词，就等于学会了英语，从而导致单词学会了，却难以运用所学的单词进行交流。例如，当学生看到单词 blue 的时候，学生们只知道它表示的是一种颜色，却不知道它所表达的文化意蕴，从而对于“He is blue today.”是丈二和尚摸不着头脑。又如：“This is a good kettle of fish，I forgot my book.”这两个句子咋看上去，是难以弄明白句意的，因为它们内含文化渊源。不知道这一点，很多人是不可能理解句子的真意的，只能是茫然一片。所以很多时候，不能从文字表面理解其意义，不但语义不清，逻辑也不正确。这里的两句其文化背景分别是：blue 此处已经不是颜色的本意，而是引申意义，为沮丧、悲观、颓废之义，后一句则译为“真糟糕，我忘记带书了。”因为这里的“This is a good kettle of fish”是杂乱无序之义。在大学英语教学中，如果教师同样只是想方设法让学生记忆词汇和语法，题海战术只为让学生掌握语法的使用规则，学生的英语学习就是背诵词汇和语法规则，即英语被当作是单纯的符号加规则的形式系统，就会失却了文化内容，没有内容的语言是不可想象的。总之，把语言知识等于语言，把掌握英语语言知识等于掌握英语，当作教学目标，注定教学是没有好成效的。无数的事实告诉我们，只学习语法知识，我们培养的只是会做题的哑巴，因为他们难以张口说、难以提笔写，听不懂、也看不懂，从而导致英语学习的费时低效。甚至这种题海战术浸润过的学生在应付四级、六级考试时都显得力不从心。比如，在我国有些地方院校，大学生的过级率不到20%，导致很多学生毕业时拿不到学位，这是一个很悲情的事实，可见单纯的工具价值支配下的大学英语教学难以实现大学英语教学目的。

理性使人认识自然和生存的世界，但理性的极致发展却使人受制于自己的发现，人成为追逐利益和满足欲望的工具，人与自我、他人、自然等的关系成为利益关系，满足自我的欲望成为根本，于是人被工具化，从而使人丧失了人作为人所具有的情意和精神。当单纯的工具性统领下的大学英语教育背离了它的初衷时，相关的理论和实践研究者开始思考英语作为一种语言其自身的本质及其价值。于是人们开始发现大学英语被潜隐的人文性，工具性迫切需要人文性的规约。

当工具性扭曲和异化人自身的时候，价值开始进入到人们的视野。价值理性又称为人文理性。马克斯·韦伯认为价值理性（value rationality）指的是“对一个特定行为举止在其伦理、美学、宗教或其他方面的固有价值的有意识的、无条件的、纯粹的信仰，而不管他是否取得成就”。“人文理性形成于文艺复兴和启蒙运动。”人文理性关注人自身，赞美人性，倡导以人为中心。对人的关照是人文性的内在规定性，它关注人与自己、他人、社会、自然等的关系。关注人在认识自我、自然、他人时的自主性、能动性和创造性，关注人在发展中的自由成长和自我解放。人文性对人的关注可能会导致关注人的一切，从而直接导致个人本位的功利主义价值观。这种个人中心直接导致人为了满足自我的欲求而不择手段地损人利己，从而人与人之间的关系演变成赤裸裸的金钱关系和利益关系，这种发展到极致的变异的人文性难以规约工具性。所以人文性要求个体具有情感和理性，具有健全的人格和自主的个人观念才能规避工具性所带来的弊端。

在英语教学活动中，人文理性关照下的大学英语教学非常关注英语教学活动的人文价值取向，这种人文性价值取向要求语言学习不能止步于对英语形式结构的把握，还需要更进一步地将这些形式结构内涵意义深入挖掘。换言之，大学英语教学不仅仅是由一个个冰冷的单词和一个个抽象的语法规则构成，它们构成的只是语言的“外壳”，语言构成的内核正是其形式结构所蕴含的意义，语言的形式结构和意义结构构成丰满多彩的语言形态和厚重的语言意涵。也就是说，语言在其成形和发展过程中，不仅见证了人类的智慧，而且是人类智慧的结晶，蕴含了丰富的意义。例如，“How are you doing？”对于大学生来说，其语言知识表现为这是一个句子，该句子由四个单词组成，这四个单词通过特殊疑问句的构成规则以及现在进行时态构成句子。这些属于大学英语语言知识，也是英语的形式结构。掌握这些词汇和语法就掌握了该句子的语言知识。该句子的形式结构具有表层意义和深层意义，深层意义是该句子所要表达的文化含义。如果从表层结构来看，该句子所表达的意思是“你是怎么做的？”，其深层意义指的是“你好吗？”

那这个句子所表达的意思和意义取决于它所使用的场合则是由英语语言所承载的文化决定的，在不同的语言情境中表达不同的意义，使用不同的意思。如果没有文化所决定的语言情景，就难以取舍浅层意思和深层意思。大学生对大学英语的学习，目的在于通过语言的形式结构，理解和把握语言丰富的内涵意义，并且把这种蕴含在语言中丰富的意蕴化作自我的精神分子和个性构成，从而使自己的个性得以丰满，人格得以完善，精神得以提升。这是大学英语人文性的诠释，也是大学英语人文关照下的教学价值体现。

大学英语工具性是指基于英语知识与基本技能的语言赋予人类的价值所在，此价值因英语知识与技能作为工具在生活生产中所折射出的生命意义，同时也是人类对英语知识与技能的重视和崇敬，反映出英语知识与技能对人类社会发展和进步的意义与价值。而大学英语人文性则是指基于英语工具性之上的有关人自身的一种自我意识和自我觉醒，体现出对语言学习者的人性关怀，反映出人通过语言所映射出的人自身的解放和自由。学者顾明远指出："人的核心素质是精神，包括科学精神和人文精神。然而，长期以来，人类在知识的学习和传播过程中，过度重视知识，而忽视了精神的价值以及对价值的传播和弘扬。更不会运用社会科学的知识去分析科学与社会的关系。社会大环境中由物质生活和精神生活失衡而造成的精神危机，更加冲淡了学校的人文教育。"大学英语亦是如此，在长期的大学英语教学活动中，人们首先看到的是语言知识的重要价值，接着是语言技能的重要性，但是对语言所承载的文化及其文化所折射的科学精神和人文精神却基本上是屏蔽似的忽视。这种失衡主要体现在人们对语言知识的过度看重而忽略了语言本身所承载的精神，也就是对英语语言的工具性的追求而遮蔽了大学英语本身所具有的人文性。

我国大学英语教学，由于受到"知识决定命运"这一观点的长期影响，对语言知识的关注远远多于对语言所具有的人文价值的追求，即关注大学英语的工具性远胜于对其人文性的发掘和弘扬。比如，对大学英语学术研究的追求以及对大学英语学术精神的培养较为缺失；大学生在英语学习中缺乏科学的学习态度和科学的学习方法；大学生对大学英语学习的功能及价值具有错误的观念。另外，缺少对工具性和人文性价值的融合。当下，我国大学英语教学研究中，关注工具性比关注人文性研究要多，有些学者相信工具性在大学英语教学中不是多了，而是少了，是一种缺失，继续促使研究回归，其理由自然是语言工具性理论占据了他们的认知意识，所以较少关注大学英语教学人文性，对大学英语教学中工具性的偏颇和人文性的缺失表明，大学英语教学中不仅有对其价值性的关注不够，造成顾此失彼，而且最严重的是这种缺失和偏颇预示着工具性和人文性在大学英语教学中被作为互不相干的、相互分离的两种事物来对待，忽视了语言自身的本质和功能所决定的工具性和人文性互相依赖和相互依存于大学英语内容中，在教学中应该两者兼顾地凸显于教学中。日常大学英语教学中对内容方面的侧重以及对人性培养有意无意地的忽视，反映了对大学生学习英语课程的工具性和人文性的融合度不够，融合意识淡薄。

（二）大学英语人文性和工具性的融合方式

大学英语本身所具有的工具性和人文性性质决定了英语教学体现大学英语本体价值和衍生价值，而且这两种价值以融合的方式体现大学生在学习英语的过程中所表现出的成长与发展，并且这种工具性和人文性不具有独立性，而是相互渗透、相互关联的。大学英语教学所兼具的工具价值和人文价值，表现出具有很多策略，其中最重要的策略在于以下几个方面：师生对工具性和人文性及其关系的认知；师生在进行大学英语教学时所采用的教学方法及其对所采用的方法的价值的观点；大学英语教学中对文化的态度等。

1. 工具性与人文性的关系

工具价值和人文价值的观点是促进其融合的概念逻辑。工具性所折射的是对知识的追求。人文性是工具性的核心品质。人文性在科学活动中主要体现在以下几个方面：一是崇尚严谨、精确的理性意识；二是注重观察实验的求是思维；三是提供探索开拓的创新意识；四是强调一切均须理论论证和实践检验的合理怀疑精神，五是注重普遍与具体相结合的务实精神。人文性意识是大学生学习大学英语的理性力量，是学生学好英语的保障，而且大学生通过对大学英语的学习，能够更好地提升他们对科学精神的理解和践行依据。但是在“知识就是力量”观念的引领下，对知识的追求成为评判知识获得的成功与否标尺，却忽视了对知识追求的过程和手段，遮蔽了获取知识过程中人应该感知和获得一些诸如纯良的人性、同情的情感、高尚的品格等潜隐在知识中的美好东西，从而导致知识至上所带来的知识对人的奴役。于是在知识学习的道路上，人类只关注知识而忘记了沿途美好的风景，知识成了唯一的追求和终极目标，而人自身遗失在知识的海洋中，从而导致“人变成了物的俘虏”。这是对工具价值的一种极致追求的结果。对知识的追求没错，因为知识作为人类认识结晶的一部分，其传承和发展需要人类的学习。但是一旦对知识的追求成人学习中的唯一目标时，就会由于过犹不及而把人自身湮没在万事万物中，从而人就失去了自由成为知识奴役的对象，这背离了“文化上的每一步都是迈向自由的一步”这一人类的初衷。

人文性所折射的是对人的关照。人文精神是人文性的核心。人文精神是人的人格中不可缺少的一种精神。人是人文精神的内在规定性，人文精神的核心是以人为本，关注人的本质及其个性发展。人文精神是蕴含于人文文化中的价值信念中，突显于人的思维方式和行为习惯，具有一定的社会性和时代性，随着社会的发展和时代变迁而具有变化性和社会规约性，但是以人的发展为核心这一关注点是其永恒不变的主题，聚焦人与自身、自身和社会的关系，以人与自身、自然和社会的协调发展为旨趣，其最终目的在于促进人对善的追求和人的善的品性的升华。大学英语作为一种典型的人文学科课程，其文化属于重要的人文文化，大学生通过对大学英语的学习，不仅能够获取科学知识，提升科学精神，同时能够学到人文文化，提升自己的人文精神。

无论是工具性还是人文性，在人的发展中不是相互独立地存在于人的个性发展中，而是以融合的方式存在于人的个性和精神中。所以，作为大学英语教学主体的教师和学生，在了解人文性和工具性的内涵和价值后，把握它们的融合价值，就能够更好地促进目的语的教学和学习，更好地提升学生的语言文化素质和语言文化所蕴含的科学精神与人文精神。另外，大学英语的学习不仅仅为了学习该门语言的知识与文化，其根本目的在于促进大学生的全面发展。大学生的发展从结构的角度来看，主要表现为身体的发展和心理发展，而心理发展主要表现为心理过程和个性心理的发展，而且这两个方面的发展主要是通过知识学习而获得的。大学生对大学英语的学习，不仅可以获得语言知识，同时获得蕴含在大学英语语言中的价值观念、行为方式和思维模式，从而提升自己的由科学精神和人文精神融合而成的个性发展。可见，只有提升大学英语教学主体的师生对工具性和人文性的关系认知，才能更好地促进他们的发展。

2. 大学英语教学中所采用的教学方法

教学方法指的师生在教学过程中为了促进文化的传递而采用的一系列操作方式体系。教学方法的采用与体现知识的科学性与人文性具有一定的关联性。例如，有些教学方法能够培养学生的科学精神，凸显工具性，有些教学方法有利于培养学生的人文精神，强调人文性，有些方法同时具有培养学生科学精神和人文精神的作用，兼顾工具性和人文性。教学方法的选择和采用具有社会发展性，与社会发展具有明显的相关性，一定社会的发展特点在一定程度上左右着教学方法的选择与采用。例如，当今社会的发展，在不同的领域的作业中尽管形式和目的不同，但是却有相同的要求，那就是精诚协作和团队精神，大学英语的教育教学过程，也是为了培养学生的团队协作精神和与人协作的意识，教师在教学中不仅要有培养他们这些素质的意识，同时要采用小组讨论、小组合作等形式锻炼他们的合作意识与团队精神。同时，教学方法的采用又和教育教学研究的发展具有一定的联系。例如，有研究发现，优秀的教学方法有利于培养学生的自主性、主体性。要培养学生的主体性和科学理性，在大学英语教学中就可以采用研究型教学方法、实践型教学方法等。

教学方法是为了更好地提升教学质量和教学效果，促进教学的有效性。教学方法有利于培养学生的科学精神与人文精神，同时又有利于利用学生的科学意识与人文精神促进大学生的全面学习。可见，大学英语教学培养学生正确的文化价值观蕴含在科学、恰当、有效的教学方法的运用中。

3. 师生对大学英语教学中文化的态度

大学英语作为人文科学中的一种典型课程，其内容不仅包含语言知识，而且包含语言文化。语言知识属于典型的科学知识，语言文化属于典型的人文知识。知识的学习和文化的学习就如他们本身所具有难以区分的科学和人文分割线一样，大学英语语言知识和语言文化的学习不仅需要科学精神，同时需要人文精神。可见，大学英语教学的融合性价值观体现大学生正确的英语语言文化价值观，具体表现在培养他们拥有正确的文化态度。

对于文化的态度，似乎在人们的意识中，其意义和价值是不言而喻的：文化是一个人安身立命的根本。人之所以能在一个团体、一个社区、一个社会中生存、生活、发展，其根本原因是具有这个团体、社区、社会所共有的文化，或者准确地说，是被该文化所同化或所涵化，从而被打上该文化的烙印，这种烙印凸显于其价值观念、思维方式和行为风格中。但是这种文化的作用不是刻意为之，而是身处其中的个体在日常的生活和交往中逐渐获得，而不是经过刻意的教育所得。对于学习大学英语的学生来说，大学英语教学所蕴含的文化之于他们却有明显的差异。这种差异首先表现在大学英语中所蕴含的文化不是他们日常生活在其中的文化，其重要性必然被忽视；其次，受到功利主义的影响，大学英语教学所涵盖的文化几乎很少影响他们应付考试的英语知识，所以容易被忽视。据此，若要实现大学英语的文化价值，必须端正师生对大学英语教学中所包含的文化的态度，改善他们对大学英语教学中所承载的文化的态度和看法。

端正师生对大学英语教学所承载的文化的态度，有利于让学生更好地实现大学英语教学价值。首先，大学英语教学所承载的文化是人类文化的一个重要组成部分，是大学生应该传承和传播的，尤其是在“构建人类命运共同体的”今天更是如此。大学英语作为一门语言的特殊阶段的表现形式，本身就是具有丰富的文化，这种文化以语言的形式呈现。其次，大学英语教学对大学生的跨文化意识提升有巨大的促进作用。再次，大学英语教学不单纯为了提高学生英语知识和听、说、读、写、译的技能，更重要的是能够获得一门与人交流与交往的语言工具，同时能够习得该语言中所蕴含的丰富文化知识，提升自己的文化素养，开阔自己的跨文化意识和促进自己的跨文化交往能力。最后，大学英语有利于培养大学生的文化个性。大学生的文化个性是大学生在与人交往过程中所表现出的体现文化信念和文化价值观的独特行为方式。大学英语具有“中西合璧”的文化，这种文化不仅具有鲜明特性的目的语文化特点，同时也包含有母语文化。这种混合文化蕴含着丰富的具有融合性质的科学文化和人文文化的真谛，如果大学生端正了自己的文化态度，通过对这种语言文化的学习，就能够使得自己的大学英语的学习价值观从工具的性质转化为融合工具与人文的文化价值观。

二、共性与个性兼顾

大学英语教学关注共性规律和个性发展是大学英语教学融合性价值取向的又一个重要表征。大学英语教学价值，不仅在于让学生掌握丰富的文化知识，还在于促进学生的发展，提升学生的社会化水平。而教学，无论是什么科目的教学，都具有共性的规律，同时又有各自不同的特点。另外，学生的发展，既具有同龄人的共同发展规律，同时具有学生个体发展的不同个性。所有这些都表明要实现其融合性价值取向，大学英语教学必须具有共性和个性，追求共性的统一和个性的关照。

（一）大学英语教学兼顾共性与个性的原因

对大学英语教学的共性规律的探寻，往往是大学英语教学研究的共同追求。大学英语教学和其他学科的教学一样，由于学段的相同，在教学中不仅具有程序上的共同性、教学过程的统一性，同时具有教学目的的共同追求性。这些都要求大学英语在教学过程中要遵循大学英语课堂教学的一般规律和教学规则。例如，在一定的历史时期，大学英语教学中师生的角色设定、教学活动过程中的教学互动、教学方法的运用、教学目标的设置、教学评价的实施等往往都具有共同性，因而要求教师在教学过程中遵循着同样的教学规律，采用既有的教学方法，实施相似的教学活动，进行相似的教学评价，实现相同的教学目标。而所有这些教学行为都是为了通过大学英语的教学，让学生在获得英语语言知识的同时，促使他们的心理获得发展，同时让他们通过课堂教学中的师生的互动更好更快地获得社会化，以实现大学英语教学的个体功能和社会功能。英语教学方法的历史演进其实就说明了这一点。在我国大学英语中，教学方法大致从最初的翻译法不断演进到后来的听说法、情境教学法再到任务型教学法、个性化英语教学方法，尽管体现不同时期的语言观和学习观，但是在不同的时期都占主流地位的教学方法，这就说明大学英语教学具有共性。

但是，大学英语教学在具有共性的同时，同样具有自身的独特性，也就是个性。大学英语教学的个性表现在两个方面：其一是不同学校不同班级的大学英语教学具有独特性；其二表现在大学英语学习者具有不同的个性。大学英语教学具有普遍性，同时具有独特性。其独特性有很多原因做成的。首先，不同地区不同类型的大学，其生源不同，招收的学生素质不同，导致大学英语教学的方式方法具有独特性；其次，不同地区不同类型的学校，其教学管理和教学要求不同，导致教师教育教学方式不同；再次，不同学校具有不同的校园文化和教学文化，具有不同教学风格和学习风气，从而带来不同的大学英语教学；最后，不同的教师队伍具有不同的结构和教师素质，导致他们带来不同的大学英语教学特点，可见地理位置、生源、校园文化、学校管理、教师队伍质量等都会影响到大学英语教学，从而使得具有共性的大学英语教学彰显出各自不同的个性。

凸显大学英语教学个性具有内在原因和外部原因。上面所说的是外部原因会带来不同的大学英语教学特性。事实上，造成大学英语独特个性的主要原因在于教学内部，尤其是作为教学主体的教师和学生的具体特点。首先，不同的教师对英语语言观和英语语言教学观，对语言素养和文化素养的学习要求不同，从而带来不同的教学组织方式和差异性的教学方式方法，形成个性差异的教学形式和教学过程。其次，大学生的差异性带来教学的差异性。大学生作为学习者，在英语学习中有其共性，这是由他们的年龄特征决定的。但是，不同的学生由于他们的生长环境、教养方式、学习态度和方法、学习风格和策略等的不同，从而会造成不同的英语学习方式，作为指导学生学习的英语教学必然会根据学生的不同特点采用不同的教学方式和指导方法，从而产生独具个性特色的英语教学。大学英语“个性化教学关注的是学生的知识逻辑和心理逻辑的和谐统一”。

（二）大学英语教学兼顾共性与个性的方式

在大学英语教学中，共性与个性相统一的教学体现教学的融合性价值。因此，教师在实施教学时，针对同一个班级或不同班级的学生进行教学采用合适的方法时，在保留共性的同时要进行具有针对性的教学。

首先，采用不同的方式方法进行大学英语共性与个性的教学。对于大学英语教学，不同性质和不同类型的内容，其呈现方式和教学方式要采用不同的教学方式和方法。只有这样，才会更加保证语言学习的有效性。例如，对于口语的教学和对于书面语的教学往往采用不同的学习方式，对于科普性质的文章和故事性的内容的教学往往采用不同的教学方式。再如，针对不同学习风格的学生，其教学在采用相同教学方法的同时，要有针对性。如对于视觉类型学生和对于听觉类型学生以及感觉类型学生要分别采用不同的学习方式，以兼顾他们的学习风格。例如教师在教学知识点的时候，不仅要进行教学知识点的讲解，同时要展示这些知识点与黑板或屏幕，并且时常布置一些需要动手操练的活动，以便更好地满足听觉类型、视觉类型和动作类型学生各自的学习风格的需要。再例如，学生的学习风格有依存型和独立型。对于依存型的学生，多给予他们与别人合作学习的机会，对于独立型的学生，多给予他们独立思考问题和独立动手的机会等。

其次，针对不同的学生给予适当的差别要求。不同层级的学校以及相同学校的不同年级的学生，一般情况下，对英语的语言知识和语言能力掌握程度不同，因此在教学过程中，所给予的学习活动的难度要具有差别性，对他们的教学要求在体现共性的同时要体现差别性。例如，对于基础较好的学生，在给予他们同样的学业要求时，同时给他们布置难度更大的作业以便更好地促进他们更好的发展。对于基础较为薄弱的学生，在给予他们布置作业的时候，要适当降低难度。例如，在学习过某一篇文后，要求所有的学生能够复述全文的同时，对基础好的学生，可以让他们放手写一篇文章，对于基础不好的学生可以要求他们阅读文章。对于单词的学习，要求学习好的学生在达到四会的基础上会运用这些单词，对于基础不好的学生，可以要求他们能够对所有的单词达到听、说、读、写等四会，对部分较难的词汇达到听、说、读等三会。只有这样，才能够让所有的学生在已有的基础上获得发展。

大学英语教学是由共性规律和个性特色共同构成的，不仅关注知识的传递，更关注学生的独特发展，目的在于高质量的提升学生的大学英语学习能力以及综合语言运用能力，从而实现大学英语具有融合性质的工具价值和人文性价值。

第三章　互联网背景下的英语教学

第一节　“互联网 +”时代对传统英语教学模式的挑战

“互联网 +”时代强调互联网的普遍性、移动性，信息技术的发展使人们可以利用智能终端（智能手机、平板电脑等）随时随地访问互联网，改变了人们获取知识、获取信息的方式和手段的同时，也改变了英语学习者的学习观念和学习方式。与传统课堂环境相比，网络学习环境的优势主要表现在：第一，学习资源丰富，教学媒体技术含量高。网络学习资源包含了海量的信息，可以充分利用互联网资源，信息检索、处理方便，扩大了学习者的语言输入，能够培养学习者跨文化交际意识。第二，以学习者为中心，自主性要求高。这就要求学习者根据自己的学习计划和实际需要，合理运用各类资源，进行自主学习。第三，网络环境是虚拟现实，学习方式多样化。虚拟环境能够创建各种生动的学习情景，为网络环境下个性化学习、自主学习、合作学习以及社会化学习等创造了条件。移动互联网技术的迅猛发展，对于传统依靠“黑板、粉笔、幻灯片、投影仪的英语教学手段和方式带来强大的挑战”，打破了学生学习的时空限制，也要求教师重新思考和定位自己在英语课堂教学中的角色。

一、挑战传统的英语教学方法与教学手段

传统的英语教学是围绕教材循序渐进地讲授语言知识，开展以教师为主体的“填鸭式”教学。随着互联网的发展和慕课、微课的兴起，教学内容不断拓展、丰富、多样，学生随时随地可以通过互联网获取各类地道的语言材料和语言专家的权威讲解，语言输入突破了课本的限制，语言学习突破了时间和地域的分隔。在传统教学方法中，教师是教学活动的主体，学生是知识的被动接受者，信息技

术的发展使教学方法的改变成为可能。教师充分利用现代信息技术采用任务式、合作式、项目式、探究式等教学方法，实现了“教”与“学”的转变，形成了以教师引导和启发、学生积极主动参与为主要特征的教学常态。以黑板、粉笔为主要教学手段的时代已经结束，取而代之的是依托移动互联网和智能设备的现代化、多样化和便捷化的教学手段。现代的教学手段不仅适应“互联网 +”时代大学生学习特点和学习方式，还能提高大学英语教学的效率和质量。

慕课环境下多是采用“翻转课堂”（flipped classroom）的新型教育形式，即通过信息技术的辅助在课外完成知识传授，在课堂上通过讨论等完成知识内化过程。其教学一般分为四个步骤：发布微视频；指定阅读文献；组织论坛讨论；完成相应作业和评估。这四个步骤的前两步需要在课前完成，然后课上在线讨论，课下完成作业并递交。其中的任课教师并不授课，而是在微视频中由其他的优秀教师代替任课教师讲授知识，而任课教师的主要任务则变为设计讨论互动和设计作业及评估。学生在这一教学模式下，需要充分运用自主学习能力在课前就学完应学的内容，然后通过积极主动的在线交流完成知识内化过程。

传统的“填鸭式”黑板加粉笔的教学模式经过改革，已上升到多媒体教学，即幻灯片、投影仪的教学手段。虽然有了一定的进步，加大了信息量，使上课更加生动有趣，但仍有互动性不足，课后很快忘记课堂内容，不具备可重复性。随着互联网的兴起，慕课、微课、微信 + 移动网络、自主学习平台等相继投入使用，教师不再是学生获得知识的唯一来源。教师通过课堂的讨论和合作教学，让学生自学的内容得以内化，课后对学生再进行检测和交流，进一步巩固所学内容。教师为学生的自主学习资料把关，虽然网络知识具有无限性，但是质量良莠不齐，需要老师加以甄别、推荐和分享优秀的网络资源，或者也可以经过本校老师的努力，制作出适合本校学生的知识文本，上传到网络，以供学生学习。

在英语的传统教学中，师生之间的教学关系是一种知识传递的单向传递过程，教师在教学活动中占据着主体地位，学生则处于被动地位，而随着“互联网 +”时代的到来，这种教学方法有了显著改变，各种新型的授课方式逐渐出现在大学英语课堂中，教师可以通过互联网技术实施各种任务式、合作式以及项目式等多种教学方法，教师成为课堂教学的引导者，而学生在各种教学方法的启发下能够更加主动、积极地参与到教学活动中。同时互联网的便捷性也给大学英语教学手段的创新提供了可能，计算机、智能设备逐渐代替传统的教学手段，学生能够通过这些学习工具更加便捷、高效地进行英语学习，对于大学英语课堂教学质量以及效率的提高有着极大影响。移动互联网技术的进步和发展，带动了慕课和微课的兴起和发展，为拓展教学内容及其方法提供了可能。学生可以随时随地学习，并且学习的内容更加丰富多样，不再受限于时间或空间上的客观因素，改变了过去教学活动中教师的主体地位，学生成为自主学习的主体。在这样的环境背景下，教师应充分发挥现代信息技术的优势特点，构建依托移动互联网和智能设备的网络教学平台，改变过去“粉笔＋黑板”的教学模式，提高大学英语教学的整体效率，促使现代英语教育与时俱进，实现良性长足发展。

信息技术可望变革课堂的教学方式。传统的大学英语课堂以教师为中心，课堂教学中以教师讲授为主，被称为“一言堂”。教师是知识的传授者，学生是知识的接受者，教师和教材是学生学习知识的主要来源。当现代信息技术应用于外语课堂以后，教师的教学工具和学生的学习工具均发生了改变，计算机软件、多媒体课件、网络教学系统等成为教学的常用工具，知识的来源更加丰富，知识的呈现方式更加立体，封闭的、孤立的、单向的课堂教学被打破，参与式、讨论式、交互式成为大学英语课堂教学的主要方式，以教师为中心的课堂正在向以学生为中心的课堂转变。

二、挑战传统的英语学习观念与学习方式

教师不再是教学活动的主体，学生在教师的引导下，慢慢成为主体。在教师的引导和启发下，学生不再是被动的接受者，而是主动的学习者。互联网的普及使得学生可以通过教学信息平台获得教师提供的大量的学习资料：慕课、微课、网络自主学习平台。学生在课前通过对这些资料的自学，在课堂上教师对知识点进行梳理，检查学生的学习的程度，帮助学生对知识点进行内化，布置课后练习。这样，学生通过自主学习，和教师进行互动提高了学习的积极性和兴趣，大大提高英语学习的质量和效率。

互联网技术与英语教学的融合，为学生提供了更加丰富的教学素材以及便捷

的学习方式，学生能够进行自主、主动、合作以及个性化的英语学习。互联网+时代的到来，让课堂单向性的知识传递方式转变为了学生的自主学习方式，学生在英语学习过程中具有了更大的自主选择性，通过互联网技术学生能够随时、随地地自主选择教学方式。同时，在互联网+的影响下师生之间的教学互动性也有了明显增强，互联网教学平台为师生之间的及时互动提供了可能，教师能够随时掌握学生的学习进度，学生也可以随时随地向教师提出疑问，这种即时、高效、自主的学习方式对于学生英语教学质量的提高有着积极影响。

信息技术可望变革学生的学习方式。传统课堂教学中，学生端坐在教室里，课桌上摆放着大学英语教材，教师手拿教本认真讲解，学生认真听讲，偶尔做做笔记，听课成为学生学习的主要方式。信息技术在大学英语教学中的应用大大拓展了课堂，丰富了教学资源的表现形式，变革了课堂的教学方式，学生学习的主体性和主动性得以发挥，学习方式从单一走向多样，被动学习逐渐变为主动学习，学生可望真正成为学习的主人。

实现网络环境下英语的自主学习，对于学生也提出了更高的要求。由于受到中小学应试教育的影响，很多学生已经习惯了课堂上被动学习的方式，习惯了教师在课堂上讲解知识点，尤其是词汇、句型和语法，口语和听力训练得很少。进入大学以后，有部分大学英语教师仍然延续了初高中的教学模式，单纯地进行语言知识的灌输，缺少语言技能和语言应用的训练。因此，实施了教改之后，不但是部分教师不适应，而且很多学生也不适应这种新的教学模式，自主能力较差，不知道在网络环境中如何进行自主学习，在学习习惯和自我控制方面还不能适应网络环境下大学公共英语的要求。尤其是大一新生，他们习惯了高中“灌输式”的教学方式，习惯了按照老师的要求记笔记、完成作业，并且将考分作为自己学习成绩好坏的唯一标准。在网络环境下的大学英语学习过程中，他们需要及时调整学习模式，摆脱对于教师的依赖，从观念上成长起来，学会自主学习，自己为自己的学习负责，自己检测自己的学习。因此，转变学生的学习理念在教学过程中同转变教师的教学理念同等重要，要让学生认识到课堂学习和网络自主学习是信息时代大学英语学习的必然趋势，是提高他们英语综合运用能力和综合素质的有效途径。自主学习、主动学习、合作学习、个性化学习是“互联网+”时代英语学习的主要方式。互联网的普及增强了知识的开放性，课堂和教师不再是学生获取知识的唯一源泉，学生能够通过互联网更加方便快捷地获取多样化的学习资源。课堂不再是知识传递的场所，而是教师引导学生掌握学习策略，答疑解惑的场所。课堂教学与现代技术的结合拓宽了学生自主学习的路径，丰富了学生自主学习的资源，促进学生由“被动学习”向“主动学习”转变。学生在资源选择方面具有更大的自主性，针对一项语言技能，他可以选择本校教师的微课讲解，也可以在慕课平台选择名校名师的授课。学习时间、学习地点、学习进度更具有灵活性，只要具备智能设备和无线网络，学生可以在任何时间、任何地点学习，同时可以多次学习，打破了传统课堂教师只讲一遍的弊端。现代信息技术在英语课堂的应用也增强了学习的互动性。网上交互学习平台使师生互动、人机互动、生生互动成为可能。学习平台能全程记录和监测学生的学习过程，教师也可以随时查看学生的学习记录并及时提供反馈信息。师生之间、学生之间可以随时随地参与讨论交流，突出了英语学习的易操作性、可移动性、可监控性的特点。泛在性、自主性、随时性是“互联网 +”时代的大学英语学习方式的主要特征，颠覆了传统的“机械”和“被动”的学习方式。

“互联网 +”时代下，学生也面临着挑战。阶段是人生的重要阶段，而其身心发展还未真正成熟。新一轮信息时代的到来下，互联网打破了英语教师对于英语知识的垄断，各种网络学习资源井喷式的出现，学生应警惕“人云亦云”的现象。并且丰富的网络学习资源和便利、快捷的多种英语学习方式也考验着大学生的思辨能力和学习能力。思辨能力是个体根据某一特定的标准，对事物或现象进行判断后再做决定或结论的心智活动，包括质疑推理、自主思维、分析评价等能力。学生要提高思辨能力，不仅要在日常生活中反复训练自我思维能力，还应扎实自我的基础知识，根据自我学习需求获取正确的知识资源。学习能力是以快捷、简便、有效的方式获取准确知识、信息，并将它转化为自我能力的本事。它是众多能力培养的基础。学生要提高学习能力，要有通过互联网主动获取学习资源的意识，积极主动地利用各种在线学习课程和学校所提供的各种网络自学条件，从被动学习转变为自主学习，从接受式学习转变为探究式学习，从个人分散学习转变为合作学习。

三、挑战传统的英语教学活动

在传统课堂教学实践中，教学内容、教学方式都由教师决定，教师是课堂组成的重要部分，他在课堂中占有主导地位，所以教师的行为、性格、语言等都会对课堂互动产生影响。学生是听众角色，学生被动地按照教师的指令，对某些语言项目进行操练。因教学条件、教学信息承载手段和一对多的教学方式的局限，教师的教学设计无法针对优等生与后进生的学习需求进行个性化教学，难以有效实行因材施教，不利于广大学生整体外语能力的提升。伴随着信息技术快速发展而成长起来的新时代学生不再满足于传统的外语课堂教学方式，他们的英语学习在变得主动的同时，对课堂英语学习内容、学习形式以及信息量等也提出了更高的要求，对传统大学英语课堂教学模式提出了挑战。新的环境下开展的教学活动应该是资源丰富、环境生动，便于知识的更新，有利于激发学生学习外语的兴趣；有利于发挥学生的主体作用、培养学生创新、协作精神和批判性思维。网络环境下大学英语课堂教学给予学生极大的自我发现、自我创造的空间，学生可以按照自身的学习目标、学习基础来选择学习内容，用协商讨论的策略来完成老师布置的学习任务，充分发挥他们的主体作用。

互联网时代，对教师的专业素养和综合能力提出了更高要求，要求教师不仅要有较高的资源提炼能力和课堂组织能力，更要具备运用现代技术的能力。针对互联网环境下庞杂的学习资源，教师必须很好地引导学生学会甄选有效的学习资源。在课堂实践活动过程中，教师应综合考虑学生的个性特点和教学目标以及学习目标，丰富教学手段，激发学生学习热情和兴趣，熟练操作课堂教学活动。比如，可以通过开展合作学习或项目学习等方式，活跃课堂气氛。教师应与时俱进，不断提升自身专业素养的同时，有效提高教学活动质量。一方面既要能够制作微课视频，熟悉监测平台，掌握好线上线下和学生之间的互动；另一方面，还要能将传统教学和现代教学有机融合，注重发挥其对学生思想、情感和人格上的延续作用。新的教学理念和要求给英语教师带来了前所未有的挑战。英语作为一门语言的交际性决定了英语这门学科很强的实践性。它要求当今的英语教师应具有精深的专业知识，较强的口语表达和交际能力；具有广博的世界人文地理知识。在以交际互动活动为特色的开放式课堂中，创设有效的交际情境，让学生浸泡在浓厚的英语氛围和语言环境中进行听读说写技能的训练是英语教师的基本职责。如果英语教师自己缺乏英语表达能力，在语言的运用中处处受制，仍用汉语讲英语，重语法讲解轻能力培养的老路，怎谈得上创设英语氛围和语言环境，对学生进行英语思维能力的培养？

新的环境下新的教学模式给英语课堂教学带来了冲击，它具有开放性和大规模性的特点。开放性即课程学习不受地点和学习者学历的限制。大规模性即不限定学习者的数量，弥补了教学中高水平、教学经验丰富的教师师资力量不足的问题。只要是对课程内容感兴趣，都可以报名在线课程，因此它是继续教育的一个重要手段。这是其第一个优越于传统英语课堂之处，学生可以在寝室、图书馆、自习室或者任何一个能够连接互联网的地方学习，目前学生更倾向于使用手机和移动电脑设备作为沟通工具，新的学习方式可以直接利用学习者的手机及移动电脑设备作为学习的工具，是一种新型的学习方式。它还具有精品化的特点。这些课程多由从教多年、教学经验及科研经历较丰富、职称较高的教师讲授，特点是内容丰富，教学手段新颖，语言简练，概括能力强。现在普通高等院校中，年轻的大学外语教师所占比例很高，教学经验和教学水平很难赶上名校教授，因此相较于传统大学外语课堂来说，学生会更青睐这样的课程。它还具有碎片化的特点。其课程设计将每次课定位在 10 ~ 15 分钟，形式“微”而内容“精”，课堂上教学的难点和重点突出，课后时间留给学生进行思考、探究，学生的学习时间比较灵活，学生甚至可以根据自己的状态选择学习的时间，学习效率会显著提高。而在传统的大学英语课堂学习，学生必须在规定的时间和地点上课，由于大学生课程和校园活动较多，学生在规定的上课时间并不能保证完全处于最佳状态，有的学生甚至上课时实际在考虑其他事情，主观上并没有投入到课堂学习中，学习效果显而易见。

四、浙江大学城市学院新西兰 UW 学院全面英语教学改革

为了提高学生英语自主学习能力，结合传统的教学模式，浙江大学城市学院新西兰 UW 学院进行全面英语教学改革，于 2018 年 9 月与上海外教社课程中心

合作，建立基于SFLEP课程平台的英语网络自主学习中心，倾力打造集“自修”“测试”“自评”三位一体的自主学习模式。这种融在线学习、线上测试、自我评价于一体的互动式自主学习模式，使学生占主体地位，知识对于学生而言不再是简单的传递，而是一个由他们自己建构的过程。学生可以参与感兴趣的在线课程，测试评估后可以使用某项学习功能进行薄弱环节专项训练，也可以下载需要的学习资料进行线下学习。同时该模式设计兼顾教师参与学习需求，提供班级概念，可以实现学生的在线辅导、实时监控、后台数据分析、快捷统计等功能。

传统教学模式中英语的所有课型都以教师讲授为主。传统模式下的课后自主学习随意性大，教师基本不介入学生的自主学习。“三位一体”教学模式突破传统单一的教师授课模式，将教师面授与学生自主学习相结合，在课内学时不变的前提条件下，依托SFLEP课程平台，将学术英语课程与网络自主学习相结合。自主学习包括课内与课外两种自主学习，课内自主学习是指在指定的时间与地点，在教师的指导下进行学术英语的自主学习，课内自主学习有总体的学习规划，学习内容分为必修和自选两部分。学生完成规定任务后，可根据自己的兴趣与需求自选内容，进行个性化学习。如果说课内自主学习是一种非完全自主的形式，课外自主学习则是一种完全自主学习。新西兰UW学院将为学生免费提供一定数量网络学习机时，学生在学习时间，学习内容，学习进度等各方面享有完全自主权。基于SFLEP课程平台的新模式课内外自主学习的设计，给予学生更多的自主学习机会，为学生自主学习能力的培养与提高创造了条件。

基于SFLEP课程平台“三位一体”教学模式以学习环境、评估手段、互动方式的多元化为特点，为自主学习能力的培养提供了必要条件。首先，新模式为学生创造了线上、线下、网络自主学习的多元化学习环境；其次，引进了多元测试、评估手段，学生可以对自主学习过程实施自评与互评，结合过程评估与终结评估，将SFLEP课程平台的自主学习时间、学习效果以及学习成果纳入课程总评，以此加强对自主学习过程的管理和监督；最后，新模式中建立了师生互动、生生互动、人机互动的立体化多元互动模式，体现了语言学习的交互性。学生在自主学习中遇到困难时，可通过互动寻求帮助，探求问题的解决之道，有利于自主学习能力的提高。基于SFLEP课程平台的“三位一体”教学模式充分体现了“以学习者为中心”的建构主义教育理念，实现了自主学习理论在实际教学中的应用。

基于 SFLEP 课程平台“三位一体”教学模式，在常规的学术课程之外，每周增加网络自主学习的时间。自主学习中心设在新西兰 UW 学院语言实验室，学院学生每周使用一到两次自主学习平台，并有老师负责监督、指导。此外，学生还可以利用业余时间登陆 SFLEP 课程平台进行自主化学习。

基于 SFLEP 课程平台的“三位一体”学术英语教学模式的构架与特点：

自修：是指学生基于 SFLEP 课程平台进行自主学习。

学生自主学习的内容可以来自 SFLEP 课程平台内原有的材料，也可以由教师根据教授内容或者专业进行组建班级，发布信息，推荐参考资料，进行学习设置以及布置任务等。

依据 SFLEP 课程平台，新西兰 UW 学院的自主学习中心具有以下功能：

（1）为学生提供了各种不同语境下的英语资料，包含了听力、口语、语法、发音、阅读、词汇、写作、翻译以及专业英语等各方面的学习内容，并配套各种测验。

（2）提供与学术英语课配套的网络课件，品质上乘，媒体表现丰富，与课上教师讲授优势互补，形成有机整体。

（3）提供智能化写作训练：平台内置丰富作文集，提供作文智能批阅，供学生自由训练。智能批阅引擎通过对提交作文实时评分、雷同检测、逐句点评、切题分析进而向学生展示详尽的批阅结果。

（4）丰富的辅助功能：平台实时记录学生学习过程，方便学生随时查询学习情况；简单有效的学习笔记、发布问答功能，方便学生记录和分享自己的观点；所有学生还可以申请加入指定班级，师生一起学习、共同进步。

自测：是指学生基于 SFLEP 课程平台进行自我测试。

英语教学中，语言测试是其中一个重要环节。是对教师教学情况和学生接受知识的程度的检验。以便总结某一阶段的教学经验，优点与漏洞，在未来教学中进行调整完善，收获更好的教学效果。

SFLEP 课程平台下的自我测试通常分两种情况：一种是随机测试，即随时随地进行线上自我测试。另一种是教师在 SFLEP 课程平台发布信息，发布测试试题，学生在教师规定时间、地点进行测试。

评估：是指师生基于 SFLEP 课程平台进行学习效果、效度分析。

学生在进行了一段时间的自主学习和测试之后，平台会根据学生在学习过程中完成学习任务的情况对他们予以诊断，并提供建设性的意见，用以改善学习效果。例如平台会根据学习时长、平均进度、平均正确率等进行总结分析，学生可以据此找到课程难点，进行反复练习，调整学习进度，查缺补漏。教师同样可以在后台进行监控，根据平台提供的学习时长榜、进度排行榜、正确率排行榜以及问答排行榜等，对于学生进行整体到个体的分析。找到正确率低、速度慢、学习时长过短的学生进行特别关注，乃至进行线上线下一对一辅导。

这种模式目前已经推广至全校范围，乃至对于整个浙江省甚至全国高等院校教学都可以借鉴或者帮助。

第二节 “互联网 + 教育”之英语教学新模式

新型的英语教学模式有微课 + 英语教学、慕课 + 英语教学和微信 + 英语教学，这些教学模式在教学中教师是主导，学生是教学的主体，互联网技术是中介手段。在“互联网 +”时代大背景下，引入新型的教学模式具有一定的前现实意义。它们实施的成功与否，关键在课堂前、课堂内、课堂后，这些活动的设计与衔接，以“课堂前、课堂内、课堂后活动一体化”为特征，调动大学生的学习积极性，同时可促进高等学校教师的教育教学水平的提高。互联网环境下的翻转课堂由教师制作所授内容视频，学生在课下学习视频，并在学习的过程中记录下所遇到的疑问，从而达到课前对所学内容深入学习的目的，课堂上教师只需将可能出现的问题及解决方法做成多媒体课件的形式，由学生自行观看并对其中不理解的地方再次向教师提出问题，从而达到真正意义上的学习理解与内化。翻转课堂让学生自己掌控学习。翻转课堂后学生利用教学视频，根据自身的学习情况来安排，可控制自己的学习进度，在课外或家中的视频学习可以使学生放松下来，而不用像在传统课堂上那样严格遵循课堂纪律，同时也不用因为担心跟不上教师的节奏而紧绷神经，造成学习压力大等情况。观看教学视频的时候可以自己调节视频教学进度，让学生完全自主地掌控自己的学习。翻转增加了学习中的互动。翻转课堂最大的优点就是全面提升了课堂的互动，具体表现在教师和学生之间以及学生与学生之间的互动。由于学生通过教学视频对即将要学的课程进行了一定程度的深度学习，在课堂上主要以学生提出问题、教师解惑和学生之间进行学习交流与互动等，充分提升了学生在课堂上的主人翁意识，使学生能够积极参与到学习过程中。提高学生的优越性心理。学生在传统的教学课堂上学习时容易有意识地和学习优秀者进行对比，从而产生自我否定和将自己归类意识，使得学生较易满足于现状，不去想也不敢想去超越自己心中认定的排名靠前的学生，而翻转课堂的课外学习则能使学生将主要精力放在学习上，通过视频学习掌控学习节奏，并在学习的过程中发现问题、解决问题、记录不能解决的问题从而提高学生的自我学习的优越性心理。

一、慕课 + 英语教学

（一）慕课

关于“慕课”一词，其主要来源于 MOOC 的音译，其中的 M 是指 Massive（大规模），O 是指 Open（开放）、Online（在线），C 则是指 Course（课程）。慕课的产生始于 2011 年的秋天，2012 年被《纽约时报》称为“慕课之年”。它随着互联网信息化、数字化时代的到来而产生，也是最近两年国际教育发达地区国家重点开发与研究出来的一种在线课程开发教育模式。随着我国教育体系的不断完善以及新课改进一步深化，“慕课”这种先进的教育理念也被我国一些大中城市的典范学校所吸纳。总体来看，“慕课”就是一种发端于过去的资源信息，通过在系统内部构建学习管理规范标准，进而全面实现学习管理系统与教育教学网络资源的融合，在旧课程的基础上研发出新的课程。“慕课代表了一种基于学习科学精心设计的教学模式。它综合运用了人本化学习、建构主义学习、程序教学及有意义学习等理论原则。”慕课的设计基于人的重要性高于教学内容的理念，这种以学生为中心的教学设计直接挑战了传统的以教师为中心的一言堂教学模式。近来的“翻转课堂”“基于慕课的混合式学习”的提出都是在大数据时代对传统教学模式的巨大挑战。

（二）慕课给大学英语教学带来的机遇与挑战

在大学英语传统教学模式中，教师占主导地位，学生是知识的接受者，教学以教材为中心，注重课堂上对知识点的讲授和对学生技能的训练。这种教学模式以教师为中心，强调教师的权威性，学生的参与不多，积极性受到限制，难以主动地去学习；以教材为中心，禁锢了学生的思想，不利于对学生发散性思维和创造性思维的培养；以课堂为中心，不利于学生个性化的培养和自主学习能力的提高。与传统课程不同，慕课的内容不是事先准备好的，而是聚合了网上的大量课程资源，学习者通过各种通信报道或网页，根据不同的学习目标选择、重组学习内容。除了观看教师的网上讲解，学习者还可以通过慕课平台与老师、同学进行交流，分享各种学习资源，也可以通过各种社交网络和平台与老师、同学进行互动讨论，还可以成立网上学习小组点评课程、分享笔记，或就学习中出现的问题或某一话题进行讨论。

授课方式。教师可以采用翻转课堂的方式进行授课。翻转课堂是指重新调整课堂内外的时间，学生在课下主动地基于项目或任务进行网上学习或讨论，查阅所需资料，教师不再占用大量的课堂时间进行讲授，而是对学生完成项目或任务的情况进行检查，对相关问题进行讨论，以提高学生的学习积极性，促进他们个性化的学习，而互联网的普及和慕课平台的出现为翻转课堂提供了条件。教师授课的内容不再局限于教材和课文，教师课前下达任务，学生通过网络、慕课平台收集资料，准备完成任务，在上课时报告任务完成的情况，并和老师、同学就任务中的话题进行讨论。在这个过程中，教师的作用是非常重要的，他（她）需要设计出符合《课程要求》和学生水平与兴趣的任务，这些任务包括口头表达和笔头表达，难度必须适当，不然学生会因太难或太易而失去完成任务的兴趣，而且教师有必要给学生提供完成任务所用到的网站和慕课平台，让学生有的放矢，避免不必要的时间浪费。在学生课堂汇报任务完成情况时要做出有针对性的反馈，使学生真实地了解到自己学习的效果，从而在以后的学习中不断改进和提高。学生在这个过程中也是主体，他们通过主动地收集资料、整理资料、报告成果、讨论交流来完成学习的过程，在这个过程中，学生不像在传统课堂里那样被动地接受知识，而是带有明确的目标主动地学习、输入，通过整理、消化再进行报告、输出，可以充分调动他们的积极性，提高学习效率。

（三）慕课 + 英语教学的优势

MOOC 为英语的教与学都带来了很多便利：

第一，教学方面的优势。MOOC 打破了大学围墙的界限，使得学生接受高等教育不受时间、空间和年龄的诸多限制，这对社会大众有着非常大的影响，传统的高等教育将面临全新的挑战。MOOC 将对大学的课程设计与开发、教学组织、学分认证、师资队伍建设等诸多方面产生重要而深远的影响，尤其是教学策略和教学方法方面。因此，在学习适应世界高等教育发展新趋势的同时，也需要构建 MOOC 在我国本土化的发展问题，通过对国外 MOOC 的宏观和微观教学设计的研究得出我国本土化的大规模的大学英语在线开放课程群，这样，学习者不仅可以自由选课而且在学习知识的同时，提升自己的英语水平，轻松地实现基于内容的英语学习。大学英语课程 MOOC 化，能有效地优化大学英语教师的知识结构的实践策略，从而提高教学质量和教学效果。具体优势主要体现在以下几个方面：一是将大学英语教师从传统的教学模式中解放出来，大学英语教师将面临的重大挑战之一就是如何利用信息与通信技术，为学生提供更加灵活多样、高效的课程与学习机会，解决教育机会和资源的均衡问题；二是 MOOC 环境下的大学英语教学对教师的需求量将越来越少，直至在竞争中只留下少数明星教师，每位教师都有成千上万的学生。教师的授课重点几乎改变，这些明星教师将专门提供特定的精品课程。精品课程自然要有好的教材、声音资源 PPT 等。为了给学生良好的视觉感受，视频表达肢体语言和演示不可或缺。三是 MOOC 环境下的大学英语教学的教学评估和考核方式问题。

第二，学习方面的优势。基于 MOOC 的大学英语课程改革，真正关注的是学习者学习兴趣的激发和主观能动性的发挥，因此，在 MOOC 的平台上，使学生从繁重单一的传统课堂教学模式里解脱出来，学习者在轻松愉快的学习氛围感染下，以及先进的网络学习工具的充分支持下，将初始的获取知识的欲望成功转化为主动汲取知识的动力。学习者在规定的时间内，在同一学习目标下，充分了解知识来源和知识结构，抓住关键性的知识内容，整体把握学习内容。大规模的网络学习课程采用贯通式的学习方式，学习内容不再仅仅局限于课程教材本身，学习过程更多的转向如何理解问题困境、如何界定问题、如何提出问题、从何处寻找解决问题的途径。MOOC 学习环境的个性化，有利于大学生自主学习能力的培养。自主学习时间和空间的增加，给学生提供了大量的课外语言习得和实践的机会，拓宽了学生的课外学习空间、知识面和国际视野，从而使学生更能有针对性地开展自主学习，积极培养新的兴趣增长点，成为适应日益全球化的具有较强语言应用能力的人。

二、微课 + 英语教学

在现阶段的教育背景环境下，伴随着互联网等新兴媒体化技术手段的应用，“微课”的教育理念与课堂表现形式逐渐走进了国内教育大众的视域之中，并有节奏地进入了学校的课堂教学当中。关于“微课”的定义，其主要就是指以视频为主要载体，同时记录教师在课堂上、课堂内、课堂外所有的教育教学过程，包括教学课程知识点的总结、重点难点疑点的归纳，更为重要的是通过这种新型教育形式，能够再现教学环节过程中所开展的精彩教与学等教育活动的全过程，这对进一步强化与巩固学生的知识体系框架起到重要的作用。

依据微型学习理论，在进行教学资源设计的过程中要从媒体画面的简洁性、开发工具的技术性、学习者的认知特点与需要、学习者的学习体验等方面进行考虑，因此从教学性、目标性、完整性、美观性和趣味性五个方面进行考虑，微课设计应遵循以下五大原则。

（1）以学习者为中心。微课是一种新型的教学资源，其宗旨是为学习者提供服务的。依据建构主义学习理论的核心思想，设计微课时，要充分强调学习者的主体性，使学习者能够自主地在原有经验的基础上完成对知识体系的构建，一系列教学活动的开展要为学习者提供帮助。因此，只有以学习者为中心，展开各知识点和辅助资源的设计，在学习过程中突出学习者的主体地位，才能调动学习者的积极性，激发学习兴趣，完成知识体系的建构。

（2）教学目标单一明确。微课的学习内容容量小、时间短，一个微课关注一个知识点，因此在设计过程中要尽可能突出主要的学习目标，使学习目标单一明确，避免面面俱到，喧宾夺主。在有限的时间内要完成一定的学习内容，达到预期的学习目标，就要充分考虑学习者的学习特点，围绕明确的学习目标安排学习内容和学习时间。

（3）知识结构的整体性原则。建构主义强调学习者的学习要依托原有的经验基础，如果前期经验积累不足，在学习新知识的过程中就会造成知识脱节等现象。由于微课是一个个独立的个体，虽然每个微课在知识内容上具有很强的完整性，但微课和微课之间并不是互不关联的，特别是与学科教学相结合的微课，在知识的呈现上往往存在很强的逻辑性，在教学中，知识排列要按照一定的顺序，只有把相互关联的微课归纳到完整的知识结构中才能最大限度地发挥微课的作用。为避免孤立和脱节的情况，在设计微课时要注意把握知识的整体性和逻辑性，合理安排独立微课的先后顺序，使之由易到难，由简单到复杂，保证知识内容的完整性和各知识点之间的连贯性。

（4）设计过程中简洁性原则。课包括丰富的媒体资源，如视频、音频等，符合视听教育理论所倡导的用媒体促进学习的观点。对于微课中媒体资源的设计，并不是越多越好，如果媒体种类繁多、制作效果欠佳，会对学习者产生干扰作用，并造成学习者的认知负担。微型学习理论强调知识呈现画面的简洁性，基于此，对微课中各媒体资源进行设计时要注意从视觉呈现画面和知识内容表征两个方面入手，保持整体画面的干净整洁，保证知识内容清晰可见，避免增加学习者不必要的认知负荷，提高观看者的舒适度。

（5）创新性原则。结合学习者的认知特点，只有具有创意、趣味性强的微课才能吸引学习者的目光。为达到学习的最优效果，在设计微课时要时刻保持创新意识，将生硬枯燥的理论变成生动形象的故事，将平淡无味的表达转化成幽默风趣的语言，设计出具有一定风格特色的微课，满足学习者的需求。

三、微信 + 英语教学

（一）微信应用于英语教学的可行性分析

1. 智能手机的快速发展和普及

微信是一款专门针对智能手机设计研发的客户端程序。目前，微信可以在各个操作系统平台的手机中使用，因此智能手机的普及率严重影响了微信的发展状况。近年来，我国智能手机发展迅速。Ader 公司发布了一份有关中国互联网使用情况的调查报告。该报告显示，越来越多的消费者通过移动终端设备获取信息，80%的用户经常是随身携带手机，并且将其作为上网的主要工具，又有超过75%的用户会使用微信、QQ等社交软件进行沟通，智能手机用户上网黏性越来越高。上述数据都表明了我国智能手机发展迅速，而且智能手机使用情况也很乐观，所以这就为移动教育的发展提供了硬件基础，使得微信应用于移动教育成为可能。

2. 强大的服务平台和用户数量

微信是腾讯公司旗下的一款产品。腾讯公司通过旗下相关产品的共同应用构建了国内规模最大的虚拟网络。目前，国内几乎所有人都注册了QQ号码。据腾讯内部统计，QQ用户注册数量已经超过十亿，活跃用户数量也已经超过了六亿。在此基础上，腾讯公司仍然不断加强QQ软件与其他应用的关联性，建立了稳固而庞大的用户基础。微信自问世以后，也正得益于这个平台拥有的用户群体而迅速发展起来。每个拥有QQ号码的用户都可以轻而易举地利用QQ号码注册微信，省去了一大堆注册步骤。QQ的良好发展促进了微信的快速发展，每一个QQ用户都可以成为微信用户。

3. 信息传递费用低能吸引用户

众所周知，在国内，用手机发送一条短消息最多可以发送70个汉字，每条信息收费0.1元。但根据微信官方计算微信流量使用情况，1M流量大约能够发1000条文本信息、5 ~ 20张图片，而且即使整天后台运行微信，每个月也只需消耗1.7M流量。这些数据表明，相对于很多即时聊天软件来说，微信的信息传递费用相当低，完全不会成为学生学习的经济负担。目前，所有通信运营商都提供了多种流量包月套餐，而且几乎所有人都根据自己的需求选择了不同的流量套餐。和许多聊天软件相比，微信的资费很低，所以才在短时间内成为年轻人的新宠。正是由于微信软件费用低，所以将微信应用于移动教育中才成为可能。

4. 青少年学习者比较容易接受

根据世界范围统计的数据显示，移动电话的销售量在逐步增加，尤其是智能手机和平板电脑的销售量，其增长速度也已经远远超过了PC机的销售速度，且其大多数使用者为18 ~ 25岁的年轻人。处于这个年龄段的人大多数都是高中以上的学生，而且这个年龄段的用户几乎人人平时都使用微信，他们认识新事物的能力很强。即使是没有使用过微信的用户也能在简单的指导学习后很快接受这个新的媒介。这个年龄段的群体内心充满了好奇心和探索精神，而且敢于尝试，所以相对于别的群体更容易接受新事物。现在几乎每个学生都有QQ，甚至有的学生有好几个QQ，用QQ号码上微信已经成为一种时尚潮流，尤其是青少年学生很容易接受。

（二）微信＋英语教学模式的特点

1. 循环性

循环的意思是以环形或回路运行；特指运行一周又回到原处，接着再次重复上述动作的行为，或者说事情周而复始地运动或变化。在该模式图中，教师和学生摆脱了以往的单向交互方式，实现了一个环形的回路。学生遇到问题时可以及时向老师提问，老师收到问题后便及时解答，这个过程是循环往复的，直到问题得到解决为止。在该模式所显示的教学过程中，这个过程也是一个循环的过程。传统教学中，一般一节课到下课就结束了，是一个单向的线性过程。在该模式中，下课不意味着这节课就结束了，老师向学生布置了作业和预习资料，随时欢迎学生在微信上进行咨询，并且记录学生遇到的学习问题。根据收集到问题，设计第二天的教案，然后一个新的循环又开始了。

2. 智能性

在该模式图中，加强了教师和学生的互动，由以前的弱交互关系变成了强交互关系。学生在课外自主学习的时候，通常会遇到各种各样的问题，俗话说："千里之堤，毁于蚁穴。"遇到问题要及时解决，不然问题会越堆越多，最后以至于学习成绩下降，挫伤学生的自信心。在该模式图中，学生遇到问题可以随时借助微信向教师咨询。学生也可以使用关键词的方式陈述问题，微信公众平台就可以从资源库里找到相关的答案发给学生，如果有学生需要的答案，则问题就可以解决，如果还是没有满意答案，学生就可以发私信给老师或同学进行探讨，这样就节省了大量的学习时间，也比较人性化。

3. 匿名传播与实名传播相结合

匿名与实名相结合的沟通方式就是指拥有微信号的师生、周围熟悉的好友或者一些陌生的匿名用户通过微信进行交互。在教师用微信和学生交流时，学生可以选择教师知道自己是谁，直接向教师请教疑惑；有些学生性格比较内向，在课堂上从不发言，课后有问题也不愿意找老师或同学倾诉，相对于熟悉人，他们更倾向于向陌生人倾诉，这样就不必在乎周围人的眼光，所以像类似的情况，学生和老师使用匿名制比较好。在沟通过程中，教师可以慢慢地开导学生，以使每个学生得到全面发展。微信的匿名交互可以很好地保护学生的个人隐私，而实名交互可以使教师因材施教，根据平时对每个学生的了解来设计出适合学生的教学计划。

（三）微信 + 英语教学模式适用范围

微信软件应用于移动教育中是借助于移动终端设备实现的，而且移动教育是一种辅助教育，要求学生拥有自我学习和自我监控能力。所以，使用该模式的学习者须具备以下几个基本条件。

1. 有自主学习能力

移动教育是一种辅助教育、课外教育，不可能替代传统教育。这种方式的教育要求学生有独立的学习能力、信息素养，面对如此多的资源信息学生要学会如何甄别对自己有用的信息，以提高自己的学习质量。而不是一味盲目选择，这样不仅会浪费有限的学习时间，还会降低学生的学习兴趣和学习积极性。学生要具有自主的学习能力，要明确自己的学习目标和学习任务，针对自己的劣势选择适合自己的学习方法，而不再是传统教育中的学习执行者。

2. 有自我监控能力

微信本身作为一款娱乐软件面世的，软件中包含了许多第三方游戏。学生往往自控力比较差，对外界诱惑没有抵制力。要想让微信真正发挥教育的功能，真正成为教育的传播媒介，就需要学习者有自我控制的能力，远离游戏和一切与学习无关的事物。

3. 有移动终端设备

微信应用于移动教育中是通过移动终端设备来传递信息的。学生的个体差异性导致每个学生的学习兴趣、学习进度、学习方法都不一样。如果多人共享一台机器，这样便不能让每个学生得到最优化发展。所以，要实现教育最优化，每个学生最好可以拥有一台自己的移动终端，这样每个学生就可以各定步调进行自主学习。

4. 可接入互联网端

微信软件的使用是通过移动互联网实现的，是需要运行在网络环境下的。学生通过微信聊天、获取学习资料等都需要互联网。除此之外，微信可以借助于手机上别的软件来完善移动教育，这些软件的使用也是需要接入互联网的，所以要求移动设备终端可以接入互联网。

“互联网 +”给教育带来的改变，不仅仅是科技的革新，更重要的是让教育更加体现出人文性，真正能做到以学习者为中心，真正掌握学生的个性差异及需求，真正将学生作为教学过程的主体，主要表现为学习方式多样化、学习空间泛在化和学习内容丰富化。随着互联网和各种学习终端（如平板电脑、智能手机和电子书包等）的迅速普及，学生已经由“数字移民”转变为“数字原住民”，在学习过程中，学生成为学习的主体，学生从被迫接受知识到主动地探索知识；学生的学习方式不再局限于课堂教学模式，而是依托互联网开展的移动学习、微课学习、MOOC 学习、网易公开课程等各种多元优质的在线教学课程；而且学生的学习地点也不只是发生在教室，移动互联网的发展和智能手机的普及，学生可以随时随地地进行泛在学习。具体而言，泛在学习是指学习者在多元技术支持下，在任何时间、任何地点进行任何知识学习的场域，是现实世界和网络世界融合的、隐性知识和显性知识互化的学习活动环境。这种学习方式体现了“随时性学习、螺旋式发展”的学习理念，也活化了学习者的学习体验和智慧化学习者的活动过程。顺应互联网潮流是教育领域无可选择的选择，但是，我们必须深刻地认识到，教师才是教育教学的根本，互联网只是协助教师教学的工具和手段。互联网 + 教育也给教师提出了新的要求，教育者在教育教学过程中应该充分利用互联网，丰富和拓展教师的教育手段和教学内容。因此“互联网 + 教育”对于教师来讲，意味着更大的机遇和挑战。在互联网的现代教学系统中，教师必须得转变传统的教师地位、教学理念，以及传统的教学模式。互联网教育平台为学习者提供海量教育资源，师生都可以同时短时间内获取相应的知识，教师不再是知识的“权威拥有者”。因此，首先，教师应该由知识的传授者转变为学生发展的引导者和促进者，在教学过程中，更多的是师生一起合作成长的过程，教师更多的应该是培养学生自主学习能力、合作能力和逻辑思维能力；其次，教师应该从课程开发者转变为课程的理解者。当今北美课程领域早已走出了课程开发范式，派纳曾准确指出：课程开发，生于 1918 年，卒于 1969 年。“互联网 + 教育”的应用，让师生获取课程资源的方式不局限于单一的书本教材，只要接入互联网，海量知识就会扑面而来，因此，教师要善于利用各种互联网媒介和互联网资源，加强对已有资源的理解，合理恰当地将各种已有的课程资源纳入课堂；再次，教师应成为一名终身学习者，现在的学生被称之为互联网时代的原住民，其信息素养明显高于教师，因此教师必须不断地加强学习意识，充分利用互联网信息技术手段，丰富教学组织形式；最后，教师应该积极使用互联网信息技术，尝试 O2O（线上与线下融合）的教学模式，真正地做到因材施教。

第四章　互联网背景下英语教学创新模式

第一节　“互联网+”时代的英语教学新模式之慕课与英语阅读教学

一、慕课概述

近年来，“慕课”一直吸引着国内外教育学者的眼球，掀起了一场“慕课”风暴。2008年，“慕课”出现在教育界，惊起不小的涟漪，Coursera、edX和Udacity等知名“慕课”平台的创立更是激起千层浪。2013年，继国外哈佛大学、麻省理工学院、斯坦福大学、耶鲁大学等著名学府陆续加入“慕课”之后国内不少顶尖学府也加入了这场教育改革运动中，对国内开放教育的发展产生重要的影响。

（一）慕课的定义

2008年，“慕课”由加拿大学者戴夫·科米尔和布莱恩·亚历山大首次提出，这个名称迅速在全世界教育界得到推崇。“慕课”（MOOC），是Massive Open Online Courses的简称，中文译为大规模网络开放课程。“M”代表大规模，指参与人数众多，一门课程的学习者人数可达数万，没有明确的人数限制，这是传统教学模式不可想象的事情。课程和学习支持服务也是大规模的，促进了教育的公平和开放。第一个“O”代表开放，指国内外的学习者都能免费学习在线课程，在线资源对所有人开放，没有准入门槛，没有地域限制，促进了教育的普及性。第二个“O”代表学习在线，指全天24小时网络在线，时间空间灵活，只要学习者有业余时间就能参与学习，更是突破了传统教育时间和空间的局限，有助于学习者合理地利用时间。“C”则表示Course（课程），教师将自己讲课的视频、课件上传到平台，供学习者进行学习。在这个平台上，学习者可以根据自己的个人理想，选择全世界最好的教育资源，完成在线学习、互动交流、考核测试、获得认证的全过程，实现自我的全面开发。

慕课，是最近几年开始产生并快速涌现应用到教育领域的一种在线课程开发模式。通俗一点来讲，慕课就是大规模的在线网络开放课程，这种模式是为了加快知识和技术的应用传播，由某个个人或集体组织制作成功，发布于网络上的供全球用户自主学习的免费或收费的开放课程。从总体来看，“慕课”就是一种起源于过去的资源信息，通过在系统内部构建学习管理规范标准，进而全面实现学习管理系统与教育教学网络资源的融合，在旧课程的基础上研发出新的课程。慕课不同于传统的电视、广播、函授等远程教育形式，也不完全等同于近期兴起的教学视频网络共享——公开课，更不同于基于网络的学习软件或在线应用。2012年，被《纽约时报》称为“慕课元年”。在“慕课”模式下，课堂教学、学生的学习进程和学习体验、师生互动过程等都可以完整、系统地在线实现。慕课是通过互联网可以在线观看的课程视频，是共享在网络平台上的开放课程。慕课规模大，是一个庞大的课程体系，并且由参与者共同完成，不是个人发布的一门或两门课程，慕课是在网络上对课程资源进行共享的模式，学生在学习的时候只要有一台电脑连入互联网就可以对网络上的慕课资源进行课堂学习，这样改变了传统教学中老师与学生面对面的教学模式。慕课是一个网络资源的学习平台，全世界的人都可以在慕课资源的平台上选择自己感兴趣的学习资料进行学习，并且可以在线自由讨论，在 MOOC 资源的平台下不仅有相应课程的学习资源还有相关的成果资料，在课堂上学不到的知识我们都可以通过慕课进行学习，在一些教育资源比较缺乏的地区也可以通过 MOOC 来学习自己需要的资料，慕课是一个免费的资源共享的课程在线学习平台。慕课的制作需要依靠计算机专业技术，比如网页制作、数据库技术、多媒体技术等，把各个功能模块综合在一起，在网络上实现课程的资源共享。

（二）代表性的“慕课”平台

“三驾马车”Coursera、edX 和 Udacity 推动着“慕课”风靡全球，并投入了许多精力和金钱，着力开发高质量的教学内容。且随着“慕课”普及，其他较大的“慕课”平台也相继出现，参与到这场改革运动中。edX是2012年5月由美国哈佛大学和麻省理工学院创立的非营利性“慕课”平台，该平台与世界上最好的高等教育提供者合作，目前已发展到所谓的“X联盟”，为学生提供了约60门课程，课程涵盖各个领域。截至2013年9月，注册用户高达100万，参与的机构包括28所世界各地的知名高校。Udacity是David Stavens、Michael Sokolsky和Se-bastian Thrun在2012年共同创办的“慕课”平台。Udacity的课程是与Google或微软等公司共同设计，而不是由专业教师负责设计，课程范围仅限于数学和计算机科学，且着重于实际应用，目标是让学生能有更好的职业发展。在2011年秋，就已有16万人注册学习史朗博士的“人工智能入门”课程。Coursera，课程的时代，是英文“Course Era”的缩写。2011年，Coursera成立，创始人是加州斯坦福大学的计算机科学教师Andrew Ng、Daphne Koller，并在2012年4月公开推出其专有平台。截至2013年9月，注册人数已超过469万，一共有442门课程，囊括来自美国、中国、罗马、丹麦等17个国家或地区的87家教育机构，每门课程持续4～14周不等。学员报名课程后，将观看视频课程、做小测试和课后作业、参与课堂讨论。且Coursera中五门网络课程的学分已获得美国教育委员会的官方认可，有可能转换为大学里的相应学分。

（三）国外慕课发展态势

国外的慕课因规模宏大、资源全面、课程结构完善、注册无门槛、互动性强、目标明确而迅速走红。2011年美国斯坦福大学教授S.Thrun和P.Norvig开设的两门课程分别有9万和16万名学生注册，掀起了一个慕课学习的浪潮。随后，哈佛大学、斯坦福大学、耶鲁大学、麻省理工学院等众多国际名校加入慕课中来，提供在线开放课程。2013年4月25日，由欧洲11个国家联合推出的慕课网站正式上线，免费提供涵盖不同学科的164门课程，并有12种不同语言的版本。大英图书馆也积极加入由FutureLearn提供技术支持的用户参与型学习平台（即慕课服务），自2014年2月开始提供慕课服务，开启了全球国家图书馆提供慕课开放获取资源的先例。国外的慕课平台中，由美国斯坦福大学创立的营利性公司Udacity、Coursera与哈佛大学和麻省理工学院合作创建的非营利性公司Edx一起，被称为“慕课三驾马车”，它们满载美国名校的精英课程驶往免费精英大学教育的未来。

（四）国内慕课发展态势

2013年以来，我国的香港大学、清华大学、北京大学、上海交通大学、东北师范大学等名校也相继引入慕课模式，开展慕课服务。清华大学的学堂在线、北京大学的慕课.pku.edu.cn、上海交通大学Ewant慕课平台、果壳网的慕课学院、腾讯公开课、国家图书馆的“国图公开课”等慕课平台，纷纷走进公众视野，为拓宽公众阅读视野、激发学习兴趣提供服务。同时，清华大学、北京大学还与edX签约，拟引进哈佛、斯坦福等世界一流大学的优质慕课课程，使中国的教育资源走出国门、走向世界。纵观我国慕课发展态势，主要有来自3个方面的力量推动：一是以清华大学、北京大学为代表的高校力量；二是以果壳网、腾讯公开课为代表的商业力量；三是以国家图书馆为代表的公共图书馆力量。

（五）慕课的特征

1. 慕课具有开放性和大规模性的特点

开放性即课程学习不受地点和学习者学历的限制。大规模性即不限定学习者的数量，弥补了教学中高水平教学经验丰富的教师师资力量不足的问题。只要是对课程内容感兴趣，都可以报名在线课程，因此通过慕课学习是继续教育的一个重要手段。这是其第一个优越于传统英语课堂之处，学生可以在寝室、图书馆、自习室或者任何一个能够连接互联网的地方学习，目前学生更倾向于使用手机和移动电脑设备作为沟通工具，慕课学习可以直接利用学习者的手机及移动电脑设备作为学习的工具，是一种新的学习方式。大规模：不是个人单独发布的一两门课程就叫慕课，只有当课程的数量形成大规模时，才能算得上是慕课。开放课程：尊崇创用共享协议，只有当课程是开放的，它才可以成之为慕课。目前大部分慕课是免费使用的，也有部分慕课是收费的，但是相比较传统的教育方式，只收很少的费用。网络课程：课程资源散布于互联网上，人们上课地点不受局限。无论你身在何处，只需要一台接入Internet的计算机或者移动终端设备就可以花很少的钱甚至免费享受到知名大学优秀教授的一流课程。

2. 慕课具有精品化的特点

目前较为出名的慕课网站主要有美国麻省理工学院创办的 EDX，斯坦福大学创办的 COURSERA 以及 UDACITY 等。中国大学 MOOC（慕课）上开放的课程也主要来自北京大学、浙江大学、湖南大学、四川大学等名校。这些课程多由从教多年、教学经验及科研经历较丰富、职称较高的教师讲授，特点是内容丰富，教学手段新颖语言简练，概括能力强。现在在普通高等院校中，年轻的大学外语教师所占比例很高，教学经验和教学水平很难赶上名校教授，因此相较于传统大学外语课堂来说，学生会更青睐慕课上的课程。慕课具有碎片化的特点。慕课的课程设计将每次课定位在 10 ~ 15 分钟，形式“微”而内容“精”，课堂上教学的难点和重点突出，课后时间留给学生进行思考、探究，学生的学习时间比较灵活，学生甚至可以根据自己的状态选择学习的时间，学习效率会显著提高。而在传统的大学英语课堂学习，学生必须在规定的时间和地点上课，由于大学生课程和校园活动较多，学生在规定的上课时间并不能保证完全处于最佳状态，有的学生甚至上课时实际在考虑其他事情，主观上并没有投入到课堂学习中，学习效果显而易见。

3. 慕课具有交互性的特征

每一门慕课都带有学习检测系统，只有当前一个单元的内容完全掌握并且通过系统测试合格之后才能进入下一个新单元的学习。另外，每一门慕课都带有交流平台，学员之间以及学员和老师之间进行充分的互动和交流。

基于上述慕课的特点，类似于微课，可以将慕课应用于翻转课堂的教学模式中去。大学英语改革应借力于慕课的发展，将慕课与翻转课堂有机结合，强调“以学生为中心”，培养学生的英语应用能力和自主学习能力。慕课提供了海量的优质教学资源。慕课以移动互联网为平台和基础，使教学活动不再受教室、师资力量、课程安排等多重因素的制约，实现了“平台、教师、学习者和学习资源”的有效融合。大学英语教学改革应充分利用慕课的优势特点推动发展，把慕课和翻转课堂相互结合，尊重学生本位，注重对学生的英语应用能力和自主学习能力的培养。大学英语教学不能一味模仿国外慕课模式，而应根据自己的实际特点，在充分理解其内涵理念的基础上，探索以慕课为基础，创建适合大学英语教学的特色教学模式——“慕课（自主学习）+ 翻转课堂（成果汇报）”的教学模式。开展慕课翻转课堂教学模式需要注意：课前通过慕课自主学习；课堂上进行互动并汇报学习成果，进而加深对知识的理解。实施慕课教学模式，教师必须科学合理掌握该教学模式的优势特点，结合本国及教学对象的个性特点，积极引进国外优质资源的同时，必须学会鉴别适合自身及教学活动使用的有效信息，从而达到“教”与“学”共赢的优质教学效果。此外，教师利用慕课实施教学活动，一定程度上告别了过去站在三尺讲台前枯燥而劳累的授课过程，同时为在线互动创造了很好的衔接平台，有利于教师深入了解学生，从而更有针对性地设置教学内容。在不断引导、评价学生学习情况的过程中，教师的综合能力也得到了提高，从而促进职业的发展。

二、以慕课为媒介的英语阅读教学

信息时代的英语阅读教学的重要任务是借助信息技术引导学生学会如何深度理解文本，如何将自己已有的知识与阅读文本产生联系，深刻体会并且理解文本的内在含义与作者的真实意图，从而形成思辨能力与创造性思维。

然而当前的英语阅读教学仍然存在重语言知识轻语境理解能力的问题。从文章结构入手逐句翻译解读文本，词汇语法讲解所占比重仍然较大，让学生学会的只是如何找到标准答案，忽视了文本阅读过程中的体会、欣赏、思维的过程。慕课是大数据时代的产物，为人类的学习方式带来了新的理念和突破，以前难以办到或想象的情景（如大规模的学员注册、大规模的交流平台、大容量的课程内容和种类、无限量的网络连接、翻转课堂内容等）因大数据而成为现实。

慕课的大规模、在线、开放课程架构决定了它的一个核心理念：为社会大众免费提供学习资源，促进优质教育资源的开放共享。而图书馆的存在同样是为了开展资源服务、共享知识信息，这是二者得以合作的基础和前提。高校图书馆作为高校师生工作、科研、学习的教辅保障机构，深刻理解慕课的兴起与发展、慕课平台的架构和内涵，积极在这一全新的教学模式中发挥作用，将会在构建书香课堂、建设书香校园、改善我国教育资源分配不均、促进教育公平、推动教育体制改革、建设终身学习体系等方面做出突出贡献。

（一）慕课给英语教学带来的挑战

信息时代几乎完全改变了人们获取知识和信息的方式，同样也让英语学习者转变了传统的学习观念与方式。移动互联网技术的快速发展，直接颠覆传统的“黑板、粉笔、幻灯片、投影仪”的大学英语教学模式，学生的学习不再受时间和空间上的客观限制。同时也对教师的教学提出了严峻的挑战。

1. 对传统的学习观念及其方式的挑战

“互联网+”时代，知识的开放性，为培养学生自主学习、主动学习、合作学习、个性化学习能力创造了有利条件，教师和教材不再是学生获取知识、锻炼能力的唯一渠道，互联网为学生提供了更丰富更优质的学习资源，教学活动的开展也不再局限于课堂。教师通过将课堂与现代技术有效结合，可以进一步拓宽学生学习的途径，为学生的自主学习搭建更宽泛的平台，提供更多资源，从而促使学生转变过去被动接受知识的学习模式。此外，学生不仅可以自主选择学习内容，还可以自主灵活把握学习的时间和地点，摆脱过去教学活动受到教室、资源和师资力量不足等因素的影响。通过互联网，教学过程中的互动沟通更及时有效，对教学效果的反馈也更及时，凸显了英语学习的操作性和可移动性等优势，有利于教师进一步完善教学方式方法和教学内容，改变了传统教学模式存在的弊端，最终提高教学活动质量。

2. 对教师的教学活动提出了挑战

对传统教学模式的挑战移动互联网技术的进步和发展，带动了慕课和微课的兴起和发展，为拓展教学内容及其方法提供了可能。学生可以随时随地学习，并且学习的内容更丰富多样，不再受限于时间或空间上的客观因素，改变了过去教学活动中教师的主体地位，学生成为自主学习的主体。在这样的环境背景下，教师应充分发挥现代信息技术的优势特点，构建依托移动互联网和智能设备的网络教学平台，改变过去“粉笔+黑板”的教学模式，提高大学英语教学的整体效率，促使现代英语教育与时俱进，实现良性长足发展。

挑战传统的教师教学技能在传统的教学中，教师只需要用好粉笔，掌握好专业的知识技能就可以。而在信息时代，对教师提出了更高的要求：对现代化信息技术的掌握和使用，并和教学相结合成为基本的教学技能。

教师除了会使用互联网以外，还需要制作视频，会监督学生在网上的自主学习，使用各种新的设备。除此之外，教师对课堂的掌控能力也有了新的要求，不仅仅具备很高的资源提炼能力，如帮助学生选出优秀的资源，还必须有很强的课堂组织能力，如让全班分为几个小组进行合作学习。另外，还需要较好的信息技术应用能力，如拍微课，在网上进行对学生的学习监督，微信的熟练使用，等等。

（二）阅读的本质

不同的人，不同时期，对阅读有不同的理解。有人说，阅读就是“阅读理解”，有人可能会说，阅读就是认识单词，就是明白其意义。20 世纪 70 年代以前的阅读理论将阅读看成是语言解码和从字、词、句中构造意义的过程。随着认知研究的发展，人们开始注意到非语言因素即已有知识对阅读理解的作用。下面是 Nuttall 列举的三种观点，阅读是：

A. decode（解码），decipher（破译），identify（识别）。

B. articulate（发声），speak（说），pronounce（发音）。

C. understand（理解），respond（反应），meaning（意义）。

A 观点强调阅读是单词的辨认过程。B 观点强调阅读是读单词、朗读。C 观点强调阅读是理解、反应，获得意义的过程。A 和 B 只是解码，即把书写符号转化成声音。C 反映了阅读的本质：阅读是一个积极的过程，在教学中，不应强调学生弄懂每一个单词，而是鼓励他们理解全文的意义，阅读过程更应被看成是课文之中“构造”意义。Siberstein 在其 Techniques and Re-sources in Teaching Readig 中介绍了外语阅读教学值得借鉴的研究成果，他提出，阅读理解实际上是一个复杂的认识过程。在阅读过程中，读者与文本之间是一种互动（interactive）的关系。

（三）阅读理论

不少中外学者从不同角度研究或提出了行之有效的阅读理论，如外语界比较熟悉的，最具有影响的图式理论，现在比较流行的交互型理论（interactive process），心理语言学阅读理论，交际理论，合作学习理论（cooperative learning），体裁分析理论（genre-based），整体语言或阅读教学模式，ISRI 教学模式，等等。

1. 心理语言学阅读理论

早在 1917 年，阅读虽被认为是被动的接收过程，但 Thorndike 确定了“阅读是一个积极的解决问题的过程”。20 世纪 60 年代末 70 年代初，Goodman 以及 Smith 提出将心理语言学用于阅读，认为阅读是积极的认知过程，阅读效率高的读者对阅读内容做出预测，根据自身的知识和经历，借助阅读材料的线索期望所读内容，然后迅速确认或排斥这些预测。确认后，读者继而就主题贮存信息，反之，则须认真仔细重读阅读内容。这一心理语言学阅读模式是对词汇和语法的推测和采样。

2. 互动理论

Silberstein 认为，根据 Grabe，互动理论主要涉及两种概念。一种是认知概论的两种互动形式，即辨认和理解，熟练读者似乎同时可以运用逐渐被大家所知的较低级阅读技巧（lower level skills）和较高级阅读技巧（higher level skills）。前者能让读者快速而自动地辨认单词（也许包括语法形式），后者能帮助读者理解和诠释意义。但读者的困难往往在于读者与语篇之间的互动。意义不可能完全呈现在读者眼前等待读者去解码，意义是读者和语篇之间的互动而产生的。

3. 图式理论

Para 认为，图式理论是将阅读分成成分过程来考查读者运用何种知识进行阅读的“成分型”的一种。另三种是关联理论，推理理论和监控理解。图式（schema）在篇章语言学和话语分析中，指组织文章或话语的潜在结构。不同种类的文章和语段（如小说、描述文、信件、报告、诗歌）之所以有区别，是因为话题、命题以及其他内容以不同的方式连接在一起构成一个单位，这种潜在结构被称为“构思图式”（schema）或“宏观图式”（macro-structure）。例如，很多小说的潜在构思图式是：小说 = 背景（状态 + 状态……）+ 情节（= 事情 + 反映）。图式主要用在记叙文阅读理解中，鲁忠义和王哲对英文议论文图式训练做了实验研究。在英文议论文图式训练中，通过建构文化图式，内容图式和结构图式，使学生得以把握英文议论文的结构和框架，并内化为自己的认知图式，实现了陈述性知识与程序性知识的有机结合，同时学生还学会了应用议论文图式去同化和顺应新材料，因此，实验班学生的阅读理解成绩有显著提高。图式（schema）一词来自希腊语。最先出现在古希腊哲学和心理学著作中。18世纪康德曾论述图式的哲学意义，他认为人的大脑中存在纯概念的东西，图式是连接概念和感知对象的纽带。图式理论是认知心理学家们用以解释理解心理过程的一种理论，图式是大脑为了便于信息储存和处理，而将新事物与已有的知识、经历有机地组织起来的一种表征形式，是相互关联的知识构成的完整的信息系统。人们对新事物的理解和认知在一定程度上依赖大脑中已经形成的图式。图式理论将阅读理解过程解释为读者所具备的背景知识与阅读材料相互作用的过程。图式知识越丰富，其理解和记忆力越强。可见，图式理论对指导阅读具有重要意义。有时候，我们读文章而不解其意，往往是缺乏适当的、与文章内容相关的图式。笔者在教学中利用图式理论取得了较好的效果，值得借鉴。

4. 合作学习理论

王穗平、杨洁和张法科、赵婷分别在不同的时期介绍了合作学习理论（cooperative learning）。这对大学英语阅读教学无疑是一种启示。合作学习是20世纪70年代兴起于美国的一种教学理论与策略，几十个国家将其用在教学中，合作学习就是以小组为基本组织形式。小组成员互相帮助，从而在最大限度上促进自己以及他人的学习，实现共同的学习目标。

（四）传统的英语阅读教学模式的弊端

英语阅读是以英语为媒介进行交流和获取信息的最主要形式之一，因此，阅读能力的提高一直是英语教学的重要目标。

1. 英语阅读教学存在的问题

几年前，上海交通大学与英国文化协会合作，在全国范围内针对大学英语现状做了“大学英语研究项目”调查，结果显示“当前大学英语教学仍以传授语言知识为主”，“课堂教学基本上仍是传统的传授知识型的教学”。在这样的课堂上，一般的教学模式就是先讲解生词表，然后“自下而上”从词到句，对文章逐句讲解，对于长句和难句更是按照语法知识进行仔细剖析，依次逐段分析直到文章结尾，最后由教师带领学生一起完成课后的阅读理解和词汇以及翻译练习。据有关调查数据显示，87.2%的教师经常在课堂上讲解生词、语法知识，而有些教师的讲解竟占用了80%以上的时间。很显然，这种传统的传授语言知识为主的、“自下而上”的教学模式几乎完全没有关于关键阅读技能的训练，例如，根据上下文猜测词义，抓住文章主题思想和支持性细节，理解文章隐含的主题思想和中心论点，看清语句和段落之间的关系，区分事实和观点，根据文章内容进行推理以及了解作者的写作意图和语气，等等，对于略读（skimming）、寻读（scanning）、跳读、变换阅读速度等元认知阅读策略的提高更是毫无帮助。

2. 改革传统阅读教学模式，培养学生的阅读技能和策略

根据学英语阅读教学模式存在的问题的分析，要改革传统的阅读教学模式，首先教师应加强有关阅读教学的理论和方法的学习。教师应当阅读国内外有关文献，掌握最新的阅读教学理论和方法，比如图式理论、关联理论、衔接理论、语篇教学法、任务型阅读教学法、元认知和认知策略等心理语言学教学理论。学校也应当组织大学英语教师定期地进行讨论和交流，实现信息和教学经验共享，共同提高教学水平。同时，教育部门也应当组织有关专家和名师对大学英语教师进行培训，提高他们的教学理论和方法的水平。其次大学英语教师不应该纸上谈兵，而是应当边学边用，将各种阅读教学的先进理念和方法融入日常的教学活动中，将阅读课教学的重点放在培养学生的阅读技能和策略上。最后，在转变阅读教学模式，培养学生的阅读技能和策略的过程中，教师应注意及时转换角色，应当从教学活动和教学秩序的管理者和控制者转变为学习策略的诊断者和培训者。

第二节 “互联网+”时代的英语教学新模式之微课与英语基础写作教学

微课是微型学习时代背景下教育技术与教学改革相结合的产物，它既是一种新型的教学资源，又可称为一种新型的教学模式，因其时间短、目标明确、直观可视性强等特点受到教育工作者的欢迎和重视。因此，研究微课在英语基础写作教学中的设计方法、设计策略及其教学应用，利用微课优化学科教学、提高学习效率具有一定的积极意义。

一、微课概述

（一）微课的兴起

“互联网 +”时代的教育已经不再是传统的一所学校、一位老师、一间教室，一张网、一个移动终端，而是几百万学生，微课、慕课、翻转课堂、手机课堂，这些都是信息化教育的结果。面对信息化给教育工作者提供的巨大的机遇与挑战，大学英语教师必须顺应时代的要求，掌握一定的信息技术，迎合大学生的学习特点。

在当今信息化飞速发展的时代，几乎人人都有智能机、iPad、平板电脑，因而人们对于知识的获取方式也越来越碎片化。随着生活节奏的变化，人们更加乐于接受简短、便捷、高效的生活方式和学习方式。为了顺应人们的生活及学习方式的改变，涌现出了一系列的“微”事物，如微博、微信、微电影、微小说等等。就这样，一个新型的时代到来了，即“微时代”。微课正是在这样的背景下诞生，并慢慢进入了课堂教学。在国外，以可汗学院为代表，各种碎片化的学习方式充斥着人们的生活；在我国，随着佛山市教育局于 2011 年率先在全国首推“微课”模式，微课的研究也进入了热潮。2012 年教育部开始面向全社会推广微课，9 月开展了全国中小学优秀微课作品的征集活动，同年 12 月，举办了高校微课教学比赛。为了更好地贯彻落实《国家中长期教育改革和发展规划纲要（2010—2020）》精神，深入推进外语教学改革，进一步提升外语教学质量和水平，全面提高外语人才培养质量，积极推动数字化外语教学资源在教学实践中的广泛应用，由中国高等教育学会与高等教育出版社主办，教育部高等学校大学外语教学指导委员会、教育部高等学校外国语言文学类专业教学指导委员会、中国职业技术教育学会教学工作委员会合办，推出了“中国外语微课大赛”，它是面向高等院校、职业院校的专任外语教师或教学团队的公益比赛，到目前已经成功举办了三次。通过“中国外语微课大赛”，结合微课程教学资源建设与相关教研培训，探索外语课堂教学的新理念、新模式，搭建外语教师教学经验交流和教学风采展示平台，充分实现竞赛在学术交流和专业培养方面的有效作用。

（二）微课的概念

由于研究背景及关注点的不同，目前对于微课的定义众说纷纭。

佛山教育局举办2011年微课大赛时，胡铁生老师给微课下的定义是：新课程标准及教学实践要求，以教学视频为主要载体，反映教师在课堂教学过程中针对某个知识点或教学环节而开展教与学活动的各种教学资源有机结合。他将微课概念定位为教学资源，包括课堂教学视频、与该主题相关的教学设计、素材课件、练习测试等资源。2013年时，他又给微课重新下了定义，微课又名“微课程”，是“微型视频网络课程”的简称，它是以微型教学视频为主要载体，针对某个知识点（如重点、难点、疑点、考点等）或教学环节（如学习活动、主题、实验、任务等）而设计开发的一种情景化、支持多种学习方式的新型网络课程资源。这次他对微课的定位不同于2011年时，他将微课定位为视频在线网络课程。由此可见，他把微课看做了一种课程，它的媒体形式或内容只包括微型教学视频。

“微课”全称“微型视频课程”，它是以教学视频为主要呈现方式，围绕学科知识点、例题习题、疑难问题、实验操作等进行的教学过程及相关资源之有机结合体。这是2012年9月在全国微课大赛时教育部教育管理信息中心对微课做的定义。他们也将微课定位为一种教学资源，它包括微视频、微教案、微课件等资源。

2013年4月，焦建利和黎加厚两位老师也分别对微课下了定义。只是他们对于微课的定位各不相同。焦建利老师认为微课是以阐述某一知识点为目标，以短小精悍的在线视频为表现形式，以学习或教学应用为目的的在线教学视频，所以焦老师将微课定位为教学视频资源，它的媒体表现形式为在线教学视频。

“微型视频网络课程”简称“微课”，它是以微型教学视频为主要载体，针对某个学科的知识点（如重点、难点、疑点、考点等）或教学环节（如学习活动、主体、实验、任务等）而设计开发的一种情景化、支持多种学习方式的在线视频课程资源。

微课作为新型教学资源，是传统课堂的一种重要补充和资源拓展。随着手持移动数码产品和无线网络的普及，基于微课的移动学习、远程学习、在线学习、泛在学习等将会越来越普及。微课的设计、制作与使用已经日益成为大学英语教师必备的素质之一。

常见微课分类。按知识点内容的传授方式分：讲授型、结题型、实验型、答疑型、其他类型；按微课的教学方法来划分：讲授类、启发类、提问类、演示类、试验类、作业类、合作类、探案类、导入类、课前复习类、知识理解类、练习巩固类、小结拓展类、说课类、活动类；按微课的主要教育价值来划分：传道型（情感态度价值观）、授业型（知识与技能）、解惑型（过程与方法）。

（三）“微课”的历史

随着时代的发展，教学系统中的每一个要素都在发生着变化。微课的出现，就是时代变化引起的教学系统的新变化。

在教学系统的诸要素中，变化最为明显和积极的，是人类科技迅猛发展引起的教学媒体的变化。在人类教育史上，由于语言的进化、文字的出现、学习内容载体（媒体）的演进，从远古的岩石绘画传意，到甲骨、青铜、纸张、印刷，人类教育经历了口耳相传、私塾、书院到班级、学校的演进；从幻灯、电影、电视、计算机、网络，到移动设备、平板电脑、增强现实、三维打印；从世界上的第一次工业革命到第三次工业革命，把传统的课堂带到远程教育、网络教育、虚拟教育、1 对 1 学习、翻转课堂。在这个历史久远的演化过程中，教学媒体的变化最明显，而教学方式的变化相对缓慢。

在中国电化教育发展史上，从 20 世纪早期主要使用的是幻灯、无声电影，录音等，电视和录像是 80 年代初随着日本索尼录像机进入中国后，逐步成为教育资源的重要组成部分。改革开放 40 年来，我国教育系统制作了一大批教学电视节目，各地电教部门都有以多少 T 为存储单位的课堂教学实录资料。人们逐渐发现，有相当数量的电视教材不能进入课堂。北京大学电教中心的追踪调查发现，电视教材利用率仅为 0.046%，很低。故提出了对一般教学片应当发展小片（约 3 ~ 5 分钟）在课堂教学中穿插播放。在 21 世纪 80 年代初，电教工作者就总结出学校课堂教学应发展内容集中单一、时间短，由教师随堂灵活运用的“插片”。90 年代后，我国电教界已明确将“片段性内容”电视教材作为电教教材的一种类型。“这类电视教材，可以没有尾，也可以没有解说，只是就某一课程内容的问题提供形象化的片段材料，教师使用这类教材时，需要边展示边讲解。这类片段教材，尽管只有一两分钟长，但往往是教学上非常珍贵的形象材料，对帮助教师提高教学质量很有好处。是一种值得提倡的电视教材”可见，长期以来，人们将微视频主要作为辅助教师讲课的辅助材料，还没有微课程的概念。

同期，在面向社会的广播电视台的节目中，开始出现了一种短小的电视教育节目，被称为“Micro Course”（微课程）、“Mini Course”（迷你课程），用几分钟甚至几十秒钟讲述一个主题，如“How to”（如何做……）节目，用微课方式几分钟介绍一种小技巧，诸如“如何打领带”“如何做比萨”等。但是这种方式并没有大规模进入正规教育的课堂中。

“微课”或者称为“微课程”，是近年来随着翻转课堂和可汗学院在全球迅速走红而成为教育界关注的热点话题。人们发现，由于信息技术的普及，人人都有手机的时代到来，BYOD（让每一个学生自带信息设备来上课）终将成为现实，前面提到的传统的课的组成结构将会发生变化，那就是，学生可以随时随地使用自己的手机（或者其他的设备，如 iPad、三星平板电脑、MP4 播放器等）学习原来在课堂上由教师讲授传递的学习内容；教师可以改变自己的教学方式，将上课讲授的关键内容（教材的重点 \ 难点 \ 易错点）制作成微视频让学生自主学习，上课则帮助学生解决不懂的问题，师生互动讨论，或者给予学生个性化的辅导，这种近乎理想化的教学模式极大地激发了追求教育改革的人们的浓厚兴趣。从 2012 年下半年以来，随着翻转课堂和可汗学院的传播，这种录制教师上课的“微视频”和“学生课前自主预习、课中教师辅导疑难”教学组织流程相结合的“微课程”开始在国内流行。

（四）微课的特点

微课具有以下四点典型特点。

（1）微课教学目标清晰，指向性明确微课是对教学内容进行合理划分后形成的独立知识点，教学内容容量小，因此所有的教学设计都应围绕核心知识点展开，保证教学目标的指向明确，从而设计开发出主题明确、清晰易懂的微课学习资源，让学习者一目了然。

（2）微课内容短小精悍，有益于促进学生思维能力的发展。心理学研究发现一般人的注意力集中的有效时间在 10 分钟左右，微课的教学目标单一、教学内容容量小，因此在设计时要对时间加以控制，一般在10分钟以内。在短时间、小容量的前提下，微课在教学内容的深度方面必须加强，应注重培养学生的知识迁移能力和创新意识，不能只停留在浅层的认知接受层面上。因此微课虽然短小但必须做到精悍，这样才能促进学生思维能力的发展。

（3）应用方式灵活。随着无线网络和移动终端的普及，微课这种以视频为主要载体的学习资源的应用变得更加便捷，学习者可以不受时间、地点的干涉，随时随地进行学习。学习者的主观能动性有了很大的提高，并且对于重难点知识学习也可以反复操作，直到学会为止。

（4）具有很强的校本性。目前越来越多的一线教师开始从事微课的设计和开发工作，许多学校也开始根据其相应的信息化教学资源、教师的能力和学生学情等方面开展微课的研究与开发。这些微课是每个学校、每个教师基于学校硬件条件、教师自身技术水平和实际需求而开发的教学资源，具有鲜明的校本性。

（五）英语教学中使用微课的价值和意义

1. 传统教学视频存在不足

教学视频存在已久，传统的视频一般以完整的课堂教学实录为主，具有单元粒度大，教学时间长等特点。由于网络带宽等的影响，视频教学资源在建设与应用的过程中存在极大浪费，难以满足学习者个性化的学习需求。随着视频压缩与传输技术的逐渐发展，加之无线网络的日渐普及，急需一种新的教学资源来满足学习者的学习需求。

2. 微课的优势日渐明显

与传统教学视频不同，微课以容量小、时间短、结构完整等特点著称，恰好符合当下学习者的学习需求。与此同时，随着国内外对于微课研究的逐渐深入，微课以一种创新形式，被广泛运用于教育领域，成为学生、教师和家长关注的热点。目前一些一线教师已经开始对微课进行初步的探索和尝试，对于教学模式的变革与教学方式的创新将会起到重大的突破。

3. 英语教学中微课的作用

首先，借助微课，改变大学英语课堂中师生话语权现状。

话语是语义和语用上连贯的，用来实现一定交际目的的一种交际行为的表现，它既可以是书面体，也可以是口语体。它是一种隐匿在人们意识之下，却又暗中支配各个群体不同的言语、思想、行为方式的潜在逻辑。简言之，话语就是人们在特定的历史条件与社会环境下，决定自己该说什么、怎样说的潜在制约机制。这种在“恰当的”地点，“恰当的”时间，按照“恰当的”目标（可以把一个人确定为某一具有社会意义的组织或“社会网络”的成员）使用语言的方法，以及思考、评价、行动和交流的方法所形成的被社会接受的关系称为“话语”。使用中的语言是一种工具，和其他工具一起设计或构建事物。我们说话或写作时建设或构建七个事物或七个“现实”区域。我们把这七个事物称为语言的“七项构建任务（seven building tasks）”。我们可以对课堂中教师的语言进行话语分析。第一，这段话是怎样使事物有意义的？是以什么方式使事物有意义的？第二，这段话被用来促成哪种或哪几种活动的开展？第三，这段话被用来促成了哪种或哪几种身份的确定？第四，这段话要促成与他人之间的哪种或哪几种关系？第五，这段话交流的是关于社会产品的什么观点？第六，这段话如何在事物之间建立或断开联系？如何使事物彼此相关或不相关？第七，这段话是如何使某种符号系统（如西班牙语对日语、文字对图片、文字对图片）占优势或不占优势。

其次，借助微课，转变师生角色。

根据生态学原理，处于同一生态位的个体会互相竞争，个体适应能力提高；同时，“共生效应”显示个体间的互相交流，互相影响会极大地促进整个群体的提升。

鉴于此，在大学英语课堂教学过程中，针对故事性比较强的文章，教师要组织学生进行话剧表演比赛；针对励志性的文章，教师可以组织学生进行演讲比赛或辩论赛等，通过采取 cooperation（合作）与 competition（竞争）的教学策略在学生中间形成“小组内合作，小组间竞争”的学习氛围，从而提升学生的竞争与合作意识，更好地培养学生英语学习兴趣。针对语法丰富的教学内容，教师要进行详细的讲解，在讲解过程中教师以 consideration（全面分析）与 creativeness（因材施教）的教学策略为主，充分考虑到学生的个体差异，区分对待，因势利导，既保证“面向全体”，又兼顾“提优促差”，即把握课堂讲授策略，让各类学生均有输出信息的机会。

教师从教导者转变为学习伙伴，从传播者转化为对话人，从监管者转化为激励者，从演员转化为导演。学生从机械接收者到积极思考者，从被动接受者到主动提问者，从被动学习者转变为主动学习者，从观众到演员。

（六）“课”与“微课”

在正规学校课堂教学中，师生所说的“上课”了，“一堂课”，是指目前学校教育普遍实施的班级集体教学的组织方式与基本单位。学校的主要工作和教学活动，是以上课作为主体，上课是学校日常教学工作的核心。在经典教学论的学术专著中，对“课”的定义是：“课是有时间限制的、有组织的教学过程的单位，其作用在于达到一个完整的、然而又是局部性的教学目的。”

观察和分析一节课的组成，包括了教师—学生—教学目的—教材—各类数字化媒体—教学活动组织—教学方法—教学评价与反馈—学习环境等多种要素，形成了一个复杂的系统，系统中的各个要素相互关联与互动，构成了教学系统的生命活动。

与“课”的概念相对应的“微课”（微课程），是最近从“翻转课堂”中涌现出来的新概念。以前，当大家注意到可汗学院的课程是一小段一小段讲授知识点的“小”课程，就开始把供学生自主学习的教师授课的“微视频”称为“微课程”。后来发现，仅仅是一段“微视频”，如果教师组织课堂教学的方式没有改变，这样的“微视频”还在停留在20世纪的“积件”的思路上，即将课堂录制的课堂实录视频切片，做成一个个教学片段，目的是用作配合教师上课的教学资源，或者用于教师专业发展与教学反思的“微格教学”。但是，在新型的“翻转课堂”教学流程中，供学生自主学习的教师授课的“微视频”成了学生自主学习不可或缺的重要组成部分。因此，在教师培训翻转课堂的项目中，根据教学论的系统观，我们给“微课”（或者称为“微课程”）的定义是：“微课程”是指时间在10分钟以内，有明确的教学目标，内容短小，集中说明一个问题的小课程。在“翻转课堂”的教学流程中，可汗式“微课程”是指记录教师给学生讲授课程内容的一段10分钟以内的“微视频”。这段“微视频”需要与学习单元、学生的学习活动流程等结合起来，才是一个完整的“微课程”；如果离开了学生的学习活动，仅仅是录制的一段教师上课讲授活动的内容，实质是一段视频记录的课堂教学实录，可以作为一段学习材料，没有形成“微课程”的系统。因此，有关“微课程”的评价标准，需要包括教师讲授教学内容的微视频，还要包括学习单和学生学习活动的安排。

为什么“微课程”的视频时间要在 10 分钟以内，这是根据国外可汗学院课程的统计和脑科学的研究，一般人的注意力集中的有效时间在 10 分钟左右。我们在各地培训教师设计微课程的实践也发现，其实，微课程的时间一般在 3 ~ 5 分钟为佳，超过 6 分钟，人们观看视频就感觉有些冗长。（上面介绍的是人们的经验证据，感兴趣的读者可以将微课程的时间长短作为心理实验研究的课题，通过大样本实验统计得出精准的结论。）

需要特别说明的是，微课程主要使用微视频作为记录教师教授知识技能的媒体，教师还可以根据不同学科和不同教学情境的需求，采用其他方式，如音频（录音）、PPT、文本等格式的媒体，不一定局限在微视频格式。

（七）微课视频的主要制作方式及“微课”制作注意的要点

1. 微课视频的主要制作方式常用的有以下四种。

（1）拍摄式微课：通过外部摄像设备，对教师及讲解内容、操作演示、学习过程等真实情境摄制下的教学视频。

（2）录屏式微课：通过录屏软件，录制教师对着电脑屏幕的讲解、分析、演示过程。或通过交互式电子白板，一体机等数字媒体的录制功能，同步录制课程的教学过程。

（3）动画型微课：运用图像、动画或视频制作软件（如 Flash、PPT、会声会影 MovieMaker、GI-FAnimator 等），通过微课脚本设计、技术合成输出的教学视频短片。

（4）混合式微课：应用上述提及的多种方式，制作、编辑、合成的教学视频。

2. 微课制作时应该注意以下几点。

为了更好地满足微课比赛的评分标准，微课推进了信息技术在英语教育教学改革中的深化应用。好的微课制作需要以下要点。

（1）要选好题。严谨选题是微课制作的第一步。知识点要完整，适合进行“精加工”，能够按照认知规律进行“切片”分割、组合；知识信息量要适中，

10 分钟内能够讲透彻，充分实现“启惑”“解惑”作用。

（2）要结构化。一个完整的微课作品必须包含切题引入、目标呈现、内容展示、总结提炼四个部分；总体要求是，快速入题、目标明确、内容生动、总结精练，使微课能够灵活“嵌入”到实际教学中。

（3）要重细节。微课制作的原则是“微到极致便是质量”，声音处理、图片修饰、色彩搭配、转场效果、动画设计等，需要制作者精雕细琢，最大限度地实现教学环境的真实感。

（4）要有理念。微课的制作不是信息技术的简单叠加，而是在信息技术辅助下对教学理念的实现。微课制作应以学习者的需求、水平为基础，做到“以微知著，小课堂大教学”。

（5）要时刻谨记您的微课程用户是学生。一个微课程只说一个知识点。尽量控制在 10 分钟以内。

（6）要给学生提供提示性信息（例如：用颜色线标识，屏幕侧边列出关键词，用符号图形标注等）。

（7）要明确微课程是整个教学组织中的一个环节，要与其他教学活动环境配合，记住：在微课程中适当位置设置暂停，或者后续活动的提示便于学生浏览微课程时转入相关的学习活动，让学生在学习单统一调度下学习微课程。

（8）要注意微课程应有恰当的提问，问题的设计要恰当安排基本问题、单元问题和核心问题，灵活使用多样化的提问策略促进学生思考。

（9）要明白每一个微课程结束时要有一个简短的总结，概括要点，帮助学习者梳理思路，强调重点和难点。

（10）要对一些重要的基本概念，要说清楚是什么，还要说清楚不是什么，让学生明确基本概念和原理；对于关键技能的教学，要清楚地说明应该如何做，不应该如何做。

（11）要用字幕方式补充微课程不容易说清楚的部分，注意：只需呈现关键词语，不必像电视剧一样将所有的台词都打出字幕，这会增加学生的阅读认知负荷。

（12）教师要培养学生养成良好的自主学习的习惯（例如，要根据学习单的指导来看视频，看完视频以后要回到学习单来讨论、练习），要告诉学生使用微课程的技巧，（例如，遇到没有听懂的地方可以暂停重听）。

（13）在学习单上将微课程和相关的资源与活动超链接起来，方便学生在学习单的统一调度下跳转学习。

（14）一门课程开始的时候，要清楚地介绍这个课程的评价方法和考试方式，引导学生根据教学目标学习。

（15）要注意有关微课程制作的操作技术细节（很多时候，细节往往影响了微课程的使用效果）：鼠标不要在屏幕上乱晃。字体和背景的颜色要搭配好。讲解课程时，鼠标在屏幕上的速度不要太快。画面要简洁，与教学内容无关的图标、背景、教师人头像等，都要删除。录制视频的环境要安静、不要有噪音。

二、以微课为媒介的英语基础写作教学

（一）以微课为媒介的英语基础写作教学的两大背景

1. 传统的英语写作课程存在多种弊端

随着我国国民经济和对外交流与合作的进一步发展，社会对大学生的英语写作能力的要求将越来越高。然而，多数英语写作教学仅限于针对课文中的写作现象加以分析，并没有系统地讲授写作中如何具体的成句、谋段、成篇等基本知识与技能，更没有系统的英语基础写作教学方案。因此，英语写作教学往往是一带而过，写作练习常常被忽略，甚至被取消。英语基础写作教学的盲目性与片面性较大，在英语教学的框架结构中出现了一个“结构空洞”。

英语作为公共课，一般都是大班授课，听和读在大班授课的情况下比较容易接受，而写的练习尤其强调个性化的学习，以及师生间的互动，这就给操作过程带来一些困难。传统的英语基础写作课程枯燥乏味、教师力不从心、学生缺乏写作兴趣、个性化教学缺失。再加上课堂时间有限，英语基础写作教学很难顺利开展。

传统的英语基础写作课上，英语教师依据相关课程要求需要在有限的教学时间内给学生讲解一定数量的写作技巧与写作案例，从而导致一堂课下来教师一直是“一言堂”，主宰着整个英语基础写作课堂教学，教师讲得口干舌燥、筋疲力尽。学生却只能在课上默默地静听，偶尔做些笔记，学生只是英语基础写作课堂

上的听众、被动接受者致使英语写作课堂枯燥乏味、毫无兴趣与乐趣。另外，英语基础写作课程的特点决定了传统的英语写作课程的授课教师的课下批改作文的工作量非常巨大。更有甚者，传统的学生英语习作批语只是出显示在某一学生的纸质作文中，学生的习作案例及教师批语无法与全班同学快速及时有效地进行共享。这样一来，学生的学习兴趣逐渐地消减，教师也因为学生的学习效率止步不前而无法充分改善教学效率，久而久之形成恶性循环。

2. 为了解决英语写作课程的多种弊端，一些专家学者对英语写作教学进行了一定的改革尝试

一些专家学者对英语写作课程的教学方法进行了一定的改革与尝试，如情境体验法、行动研究法、内容依托法和头脑风暴法。一些专家学者针对课程设置本身进行了一定的研究与探索，如课程设置效果、课程需求、课程设置教学目标和标准和课程考核方式。伴随着多媒体信息技术迅速发展，无线通信网络和智能移动终端的日益增多，近年来一些专家学者尝试把微课与英语写作课程进行有效融合。

这些专家学者虽然提及了在英语写作课程中融入微课，陈述了当前英语教学的弊端及微课的特点及优点，但是并没有建立起系统的针对英语基础写作课程的系列微课，也没有针对微课等数字资源如何有效应用于英语基础写作课程的教学方法、教学活动、教学评价等做出系统的研究和制订相关具体的实施方案。故本课程建设拟研制出一套系统的针对英语基础写作课程的“谋句”“谋段”及“谋篇”的系列微课数字资源，并且尝试形成与之对应的教学方法和教学活动，建立能够激发学生学习兴趣的多元教学评价体系。

（二）以微课为媒介的英语基础写作课程的教学设计与方法

以微课为媒介，将计算机网络技术及多媒体数字资源引入大学英语基础写作课程教学中，采用线下集中学习和线上分散学习相结合的混合式教学模式，采取直观教学法与启发教学法相结合、讲授法与问题探究法相结合、产出导向法与任务型教学法相结合的教学方法，形成重过程、重参与、重态度的形成性评价与终结性评价相结合的多元评价体系，注重学生在英语写作学习中的主体地位，充分发挥学习者的主动性，培养学生的思辨能力。

以微课为媒介的英语基础写作课程分“谋句”“谋段”和“谋篇”三个模块。“谋句”模块包括“什么是主语”“什么是谓语”“主谓上如何添加修饰词和短语”及“简单句如何变复杂句之连词‘信号词’”四个话题。“谋段”模块包括“主题句”“信号词1”和“信号词2”三个话题。“谋篇”模块包括“审题”和“布局”两个话题。9个话题分别做成9个微课。在微课的设计与制作中，遵循以下微课教学设计模型。

1. 以微课为媒介的英语基础写作课程之“谋句”教学设计

（1）“谋句”模块之什么是英语句子中的“主语”。英语句子中的主语，主语是一个句子的主题，它的位置一般在一句之首，可用做主语的有单词，短语，从句乃至句子，也就是说在英语句子中可以做主语的有：词组、句子、代词、名词。

They meet at the bus stop.（they 代词做主语）

Girls meet at the bus stop.（Girls 名词做主语）

Girls and boys meet at the bus stop.（Girls and boys 名词短语做主语）

This normal human reaction is used to protect us by signaling danger and preparing us to deal with it.（名词短语做主语）

The girls’ failing to meet at the bus stop on time makes the boys unhappy.（The girls’ failing to meet at the bus stop 现在分词短语做主语）

The girls failed to meet at the bus stop makes the boys unhappy.（Girls and boys who are going to the Great Wall 句子做主语）

在微课制作中，利用图片和动画，把英语句子中的主语类比成一棵大树的树根和一个人的头。在英语句子中，主语可以类比成一棵大树的树根，没有树根的大树是不能正常存活生长的；英语句子的主语也可以类比成一个人的头，没有头的人也是不能存活的。

（2）“谋句”模块之什么是英语句子中的“谓语”。英语句子中的谓语，谓语（predicate verb）是对主语动作或状态的陈述或说明，指出“做什么”“是什么”或“怎么样”。谓语动词的位置一般在主语之后。谓语由动词充当，说明主语所做的动作或具有的特征和状态。依据其在句中繁简程度可把谓语分为简单谓语和复合谓语两类。不论何种时态、语态、语气，凡由一个动词（或动词词组）

构成的谓语都是简单谓语。简单谓语：由动词、动词短语或者动词的时态构成。如：

Boys and girls meet at the bus stop.（meet是谓语，是一般现在时主动语态的谓语）

Boys and girls met at the bus stop yesterday.（meet 是谓语，是一般过去时主动语态的谓语）

Boys and girls smiled at each other at the bus stop yesterday.（smiled at 是谓语，是动词短语做谓语）

复合谓语：由情态动词或助动词 + 不带 to 的动词不定式构成。如

Boys and girls will meet at the bus stop at 8 o’clock tomorrow morning.（will meet 做复合谓语）

Boys and girls are talking at the bus stop at 8 o’clock tomorrow morning.（are talking 做复合谓语）

在微课制作中，利用图片和动画，把英语句子中的谓语类比成一棵大树的树干和一个人的脖子。在英语句子中，谓语可以类比成一棵大树的树干，没有树干的大树是不能正常存活生长的；英语句子的谓语也可以类比成一个人的脖子，没有脖子的人也是不能存活的。

（3）“谋句”模块之主谓上如何添加“修饰词和短语”。修饰词指形容词和副词。短语聚焦在时间短语和介词短语。由于修饰词与短语的出现，短句会变成长句。无论是短句还是长句，无论是主句还是从句，英语中任何一个句子都包含句子的主干，即主语和谓语。如果把一个英语句子类比成一棵大树，英语句子中的主语和谓语犹如大树的树根和树干，缺少了树根和树干的树无法正常存活。英语句子中的修饰词及短语犹如一棵大树上的树叶及小枝干，没有树叶及小枝干的大树依旧能活，只是显得干瘪无力。没有修饰词及短语的句子主干分明，结构完整，只是欠生动形象、充实饱满。如果把一个英语句子类比成一个人，英语句子中的修饰词和短语犹如一个人身上的服饰，去掉服饰的人是可以正常存活的。

The young handsome，hardworking boys and the beautiful，warm-hearted and diligent girls are talking happily at the bus stop.（handsome，hardworking，beautiful，warm-hearted，diligent 形容词做修饰语，at the bus stop 地点短语做修饰语）

原主干句子“The boys and girls are talking”，包含 6 个单词，由于修饰词和短语“handsome，hardworking，beautiful，warm-hearted，diligent，at the bus stop”

的出现，变成了“The young handsome，hardworking boys and the beautifulwarm-hearted and diligent girls are talking happily at the bus stop”19 个单词。

The man is a teacher.（5 个单词）

The tall，masculine and young man is Chinese teacher in a primary school.（13 个单词）

由于修饰词及短语的出现，只有 5 个词构成的简单、干瘪、生硬死板的句子变成了由 13 个单词构成的复杂、丰满、生动形象的句子。

（4）“谋句”模块之“简单句如何变成复杂句之连词‘信号词’”。

“信号词”又可叫作“标志词”。每个连词“信号词”引导一个分句（clause）。换言之，连词“信号词”即句中起到连接作用的词，包括关系代词、关系副词、并列联系、转折连词等。本文中为了避免使用令学生头疼的语法术语，故使用了连词“信号词”。连词“信号词”包括“and”“but”“that”“which”“who”“what”等。一个简短的句子变成一个长难句的一个重要原因就是由于连词“信号词”及其引导的分句的出现，反之，连词“信号词”又会把一个长难句切分成几个简短分句。连词“信号词”指大树的主干与枝干的连接处。同理，连词“信号词”及其分句会使一个简短的英语句子变成长难句。

The tall，masculine and young man is Chinese teacher in a primary school whose work is fussy，tedious and trivial and whose work is dominated by six years old children but he feels teaching children is a high rewarding career in emotions and spirits，so he is satisfied with his job.

在此句中，由于连词“信号词”“whose”“and”“but”“so”的出现，只有 13 个单词的简单生硬的原句“The tall，masculine and young man is Chinese teacher in a primary school”丰富为包含 5 个分句 51 个单词的复杂句“The tall，masculine and young man is Chinese teacher in a primary school whose work is fussy，tedious and trivial and whose work is dominated by six years old children but he feels teaching chil-dren is a high rewarding career in emotions and spirits，so he is satisfied with his job”

一方面，句子被拉长变得丰满的原因之一是连词“信号词”“whose”引导了定语从句“whose work is fussy，tedious and trivial”，连词“信号词”“and”引导了与前面“whose”引导的定语从句并列的定语从句“whose work is dominated by six years old children”，连词“信号词”“but”引导了表示语义转折的转折分句“he feels teaching children is a high rewarding career in emotions and spirits”，连词“信号词”“so”引导了表示结果的分句“he is satisfied with his job”。

另一方面，连词“信号词”会提供很多信息。如“whose”提供信号后面是一个表示谁的定语从句，“and”表示前后是两个并列的句子，“but”表示后边的句子与前面句子语义相反，“so”表示后面的句子表示结果。

2. 以微课为媒介的英语基础写作课程之“谋段”教学模式的五个阶段

（1）分析阶段。微课的宗旨是为学习者提供服务的，为确保其效果性，在开发前要对教学目标、教学内容和学习者进行深入分析；在课堂英语教学中引入英语微课后，也要改变传统课堂使用的评价体系，建立与引入微课这种新型教学资源相对应的课堂教学评价体系。具体内容如下。

教学目标分析。教学目标对于微课的设计起到了指引的作用，教学目标既要从宏观的角度指明学习者通过学习后要达到什么样的三维目标，又要对每一个知识点的掌握程度做出明确的要求，即清晰表明学习者应该达到的学习结果和标准。

学习者分析。微课的最终目的是为学习者服务，因此设计者就需要考虑这样以下两点：第一，微课的学习对象是谁？微课的学习对象具备什么样的英语水平、什么样的学习特点等。第二，如何给学习对象提供一个轻松的学习环境，并保证学习者完成学习目标？只有解决以上两点基本问题，才能设计出符合学习者风格特点的微课。教学内容分析。教学内容分析是在认真分析教学内容的基础上对其进行分解的过程，主要包括以下三个方面：课程内容总体描述，课程的结构和知识点的分解。

①课程内容总体描述。课程内容总体描述是对教学内容的总体分析，主要是从宏观的角度对教学内容予以梳理，结合教学目标进一步深化学习任务，为微课的设计指明方向。在设计过程中，既要选择独立的知识点又要注意彼此之间的联系，必要时设计者可对教学内容进行合理的加工、修改和重组，使其教学内容更精简完整。

②课程的结构。课程结构是在内容的基础上进一步细化的学习目标，它是针

对整个课程体系而言的,包括组成课程的各个部分和它们之间的关系这两个要点。课程结构的设计对于微课教学内容的设计以及学习顺序的安排有着重要的影响。

③知识点的分解。知识点是课程结构的关键节点，它从微观层面反映课程的含金量，能让学生快速给出对应课程的基本定位，方便学习者碎片化学习和自主学习。知识点的选择需要基于课程的结构，每个知识点既是独立的教学资源包，可以基于它开发一个或多个微课，同时又是整体课程结构中的一个关键点。

通过前期分析，对微课的设计提供了指导并指明方向，进而对微课进行相应的设计和开发。

（2）设计阶段。微课的设计阶段包括确定教学目标，制定教学策略，确定教学顺序，设计辅助资源和选择制作工具五个步骤。

确定教学目标。确定教学目标前首先要明确课程目标。课程目标是指课程本身要实现的具体目标和意图。它规定了某一教育阶段的学生通过课程学习以后，在发展品德、智力、体质等方面期望实现的程度，它是确定课程内容、教学目标和教学方法的基础。从某种意义上说，所有教育目的都要以课程为中介才能实现。事实上，课程本身就可以被理解为是使学生达到教育目的的手段。课程目标具有以下特点：第一，整体性。各级各类的课程目标是相互关联的，而不是彼此独立的。第二，阶段性。课程目标是一个多层次和全方位的系统，如小学课程目标、初中课程目标、高中课程目标。第三，持续性。高年级课程目标是低年级课程目标的延续和深化。第四，层次性。课程目标可以逐步分解为总目标和从属目标。第五，递进性。低年级课程目标是高年级课程目标的基础，没有低年级课程目标的实现，就难以达到高年级的课程目标。第六，时间性。随着时间的推移，课程目标就会有相应的调整。义务教育阶段英语课程的总目标是：通过英语学习使学生形成初步的综合语言运用能力，促进心智发展，提高综合人文素养。综合语言运用能力的形成建立在语言技能、语言知识、情感态度、学习策略和文化意识等方面整体发展的基础之上。语言技能和语言知识是综合语言运用能力的基础；文化意识有利于正确地理解语言和得体地使用语言；有效的学习策略有利于提高学习效率和发展自主学习能力；积极的情感态度有利于促进学生主动学习和持续发展。这五个方面相辅相成，共同促进综合语言运用能力的形成与发展。

以语言技能、语言知识、情感态度、学习策略和文化意识等五个方面共同构成的英语课程总目标，既体现了英语学习的工具性，也体现了其人文性；既有利于学生发展语言运用能力，又有利于学生发展思维能力，从而全面提高学生的综合人文素养课程目标结构。

分级目标。义务教育阶段英语课程各个级别的目标是指学生在语言技能、语言知识、情感态度、学习策略和文化意识五个方面应该达到的综合行为表现。

《普通高中英语课程标准（实验）》和《大学英语课程标准》中对学生的英语水平在各个阶段应该达到的标准也做出了详细的说明。

在分析阶段已经对教学目标进行了详细的定位，因此在设计过程中要进一步提炼细化的教学目标，确定单个微课的子目标。

制定教学策略。微课虽然是一种新型教学资源，但对于微课的学习过程同时又是一种完整的教学活动，因此只有制定了合理的教学策略，才能保证其教学活动顺利进行。如何根据所选知识点组织教学内容并在短时间内起到良好的效果，运用哪种媒体和手段进行传递，这些问题在微课设计之初都值得仔细考虑。

安排教学顺序。在有限的时间内教学内容呈现的先后顺序怎样安排，怎样开头结尾等等是教学顺序主要解决的问题。微课在教学顺序上应注意其连贯性，开头结尾要相互呼应,在结尾时进行总结概括,并帮助学习者梳理思路,强调重难点。

选择辅助资源。辅助资源的类型主要有 PPT 课件、word 文本等素材。作为教学应用的微课需要配以相应的微教案、微练习，设计者可以开发纸质或电子版的配套资源，满足不同学习者的学习需求。

选择制作工具。微课的种类有很多，对于不同形式的微课，其制作方法和工具也不同。现今比较流行的微课主要有录屏类、录像类和 PPT 自动演示类，相应的制作工具主要有录屏软件、写字板、power point 和录像设备。

（3）开发阶段。微课开发阶段主要完成微教案的编写、微视频的制作、微练习的编制和媒体资源的整合四个任务。

编写微教案。微教案对微课设计起着指导作用。和一般教案的编写既有相同点也有不同点，相同之处在于二者都是针对完整的教学过程而编写的，但由于微课的教学内容是一个小而独立的知识点，因此对于微教案的编写，要从微观的角度入手，考虑各个环节之间的结构关系。主要应包括学习目标、重难点和学习流程三个方面的内容，旨在让学生明确学习任务、学习流程和相应的知识体系。

段落主题句微教案。段落主题句是概括段落中心思想、反映作者写作意图的一个概括性的句子，是段落的核心所在。写好主题句是写好一个段落的前提，主题句必须清晰准确、决不能含糊。

主题句的位置。段落主题句的位置不是固定不变的，段落主题句既可以出现在段首，也可以出现在段尾和段中。

在英文写作中，多数段落主题句出现在段首，这类段落属于演绎式段落，也是学生常用的一种方法，即主题句 + 支撑句的模式。使用这种方法的好处在于学生能够较好地把握全文的结构，有助于确定段落的主线，使各个支撑句围绕段落主题自然展开，保持段落的一致性与连贯性。使用这种模式写起来比较容易接受，也不容易跑题，更容易领略全文的主旨。例如：

London's Olympics "legacy" is failing. Ten years ago on Monday，it was announced that the Games of the 30th Olympiad would be in London. Planning documents pledged that the great legacy of the Games would be to lever a nation of sport lovers away from their couches. The population would be fitter，healthier and produce more winners. It has not happened .Worse，the numbers are now falling at an accelerating rate.

在上段中，主题句"London's Olympics 'legacy' is failing"位于段首，随后紧跟例证支撑句："Ten years ago on Monday，it was announced that the Games of the 30th Olympiad would be in London. Planning documents pledged that the great legacy of the Games would be to lever a nation of sport lovers away from their couches. The population would be fitter，healthier and produce more winners." "It has not happened."和"Worse，the numbers are now falling at an accelerating rate."进一步论述"London's Olympics 'legacy' is failing"的表现，为主题句的典型支撑句。

主题句在段尾。主题句在段尾，可以使语气或气氛逐渐加强，并产生悬念。在这种段落中，通常先把论据材料、细节逐渐展开，最后，自然而然地归纳出主题。这种段落属于归纳式段落，即由结尾的主题句总结本段的主旨，即支撑句 + 主题句的模式，这种模式比较有文采，但是对于中国学生，尤其是初学者而言，不容易把握。

A couple' s daughter had just graduated from college. So they were not surprised when a florist' s truck pulled in front of their house. However, they were surprised when they saw that the dozen red roses were addressed to them. The card read, "Thanks, Mom and Dad, for making this day possible. I could not have done it without your love and support" . In an unusual switch, the graduate had given her parents a graduation gift.

在上段中，主题句"In an unusual switch, the graduate had given her parents a graduation gift"出现在了段尾。前五句借助第一句的介绍"A couple' s daughter had just graduated from college"，第二句的铺垫"So they were not surprised when a florist' s truck pulled in front of their house"第三句的转折"However, they were surprised when they saw that the dozen red roses were addressed to them"，和第四、第五句的升华"The card read, 'Thanks, Mom and Dad, for making this day possible.I could not have done it without your love and support' "，最终引出本段的主题句"In an unusual switch, the graduate had given her parents a graduation gift"。换言之，本段从一开始的设置悬念到层层递进，最终点出主旨，给读者留下难忘的深刻印象。

主题句在段中即支撑句 + 主题句 + 支撑句的模式。这种写作方法对于学生而言，是最难把握的一种，所以建议学生在考试时不要采纳这种模式，它的困难之处在于不好把握主题，也不利于主题句的展开。

Everyone has heard of accountants, salespeople, and lawyers. But have you ever heard of a kiss mixer or a belly builder？ Most jobs have common titles, but there are also many unusual position titles. A kiss mixer, for instance, is the person who mixes the ingredients for candy kisses. And a belly builder is the individual who assembles and fits the inside parts of pianos.

阅读后可知本段的第三句"Most jobs have common titles, but there are also many unusual position titles"为本段的主题句，因为第一句"Everyone has heard of accounts, salespeople, and lawyers"用来介绍普通的工作"accounts""salespeople"和"lawyers"。第二句"But have you ever heard of a kiss mixer or a belly builder？”用来介绍不普通工作名称，与第一句中提到的普通工作名称形成鲜明的对比，以引起读者的注意。而第三句则给出了本段的主题句“Most jobs have common titles，but there are also many unusual position titles.”。紧随其后的第四句“A kiss mixer，for in-stance，is the person who mixes the ingredients for candy kisses”介绍了不普通的工作名称“a kiss mixer”。第五句“And a belly builder is the individual who assembles and fits the inside parts of pianos”介绍了不普通的工作名称“a belly builder”。这样，本段中的第三句主题句的前两句和后两句都为本段主题句的支撑句。

制作微视频。微视频的制作包括两个过程，一是微课脚本的编写，二是微视频的录制。微视频的艺术性和科学性的体现不仅需要设计者具有专业的学科知识和信息技术能力，而且要求设计者具备创新意识。因此在编写微课脚本时，既要保证目标任务的完整性，又要突出创意。

英语学习过程中快速有效地定位句子的谓语动词对整句的理解至关重要。尤其是针对英语基础比较薄弱的学生。本微课《谓语动词的定位》（How to Locate Predicate Verb）以对话形式诙谐幽默得讲解在一个简单句中，一般只有一个谓语动词出现（并列的谓语动词除外）。如果多个动词出现在一个简单句中，除谓语动词之外的动词必须变形为 v-ing、v-ed 或者 to do 的形式。在复杂句中，主句和其所有的从句各自有自己的谓语动词。

微视频的录制。微视频是整个微课的核心内容，其质量的高低直接影响学习者的学习效果。在制作微视频的过程中需要注意以下两点：

视频界面的科学性。微视频以教学内容为核心，因此在制作过程中要突出科学性，不能使微课内容脱离学科体系单独存在，既要注意单一知识点的完整性，又要注意各个微课之间的联系。对于微视频画面的设计，要简洁大方，美观得体，注意给学习者营造舒适的视觉感受。设计者语言的艺术性。除了微视频的制作，讲授过程中语言艺术也是值得注意的。对于不同的学习者，设计者应选择不同的语言风格进行讲授。学生面对微课，如果听到的是枯燥生硬的讲解，没有感情的讲述，就很难产生学习兴趣。因此设计者在录制音频的时候除了要注意语速的控制，音量的大小外，要突出设计者的语言风格特色。

编制微练习。微练习并不是微课的必备资源，在开发过程中要合理运用。设计者可以提供必要的基础训练、强化训练与拓展训练，以辅助微视频进行教学。基础训练主要检测学生自学的学习效果，强化与拓展训练可以在教学过程中进行引导，启发学生思考。而完成学习内容之后辅加练习题是为了对所学知识进行检测和巩固，这些练习题要与微课教学内容以及课堂同步练习紧密相连，一方面对学习者的自主学习进行检测和巩固，另一方面为开展课堂教学活动做准备。

（4）实施阶段。现今微课在教学中的应用主要采用两种方式：一是用来辅助课堂教学，二是与翻转课堂相结合进行自主学习，但无论选择哪种应用方式，都应最大限度地发挥微课的优势，提高学习效果。

第一，利用微课辅助课堂教学。把微课引入日常教学，要充分考虑教学实际情况，明确应用微课的目的，不能为了微课而微课，要合理安排教学顺序，把微课自然地融入课堂学习当中。微课在教学中的安排顺序不同，在课堂上所起的作用也不同，如果想利用微课作为教学引入，就要设计新颖生动形象的教学视频，能够激发学生的学习兴趣；如果想利用微课进行知识点的讲解，就要注意把握教学视频的科学性；如果想利用微课进行思维拓展，就要对呈现内容的广度和深度进行拓展，因此微课应用于课堂教学时，要明确教学目标、合理安排教学顺序，最大限度地发挥微课的作用。

第二，利用微课开展翻转课堂。翻转课堂是一种新型的学习模式，和传统课上教学、课下练习不同，翻转课堂强调的是课下学生进行自主学习、课上进行讨论练习。将微课与翻转课堂相结合，给学习者提供优质完整的学习资源，进而促进翻转课堂教学模式的发展。作为用于翻转课堂的微课，它所包括的学习资源应是一套完整的体系，既有相关知识点的讲解，又有强化练习和思维拓展，因此此类微课的制作要从整体角度出发，教学目标的制定要由大到小、由浅入深、由表及里，教学内容的设计要完整而独立，教学任务的安排要详细而合理。

（5）评价阶段。微课设计是否合理，在具体实践中的应用是否起到积极的作用，这些问题都要通过后期评价来判断。可以分设计和应用两个角度对微课进行评价，了解微课对于学习者的学习是否起到了积极的帮助作用。

第一，微课的设计效果评价。关于微课设计的评价主要从微课设计阶段的各步骤的设计效果进行评价，主要包括教学目标、教学策略、教学顺序和辅助资源四方面展开。在微课设计和应用结束之后，设计者通过与学习者的交流中可以得到相应的反馈信息，进而对微课进行完善，使其更加符合学习者的认知特点。

第二，微课的应用效果评价。微课的应用效果评价主要从学生对于学习任务的完成度方面来考虑，教师通过课堂提问、课后布置作业和测验检测等手段对其进行评价。通过观察和分析学生在这三方面的表现和成绩，可以清晰地反映微课是否起到了相应的效果，设计者根据学生的反馈信息对微课进行修改，以满足学习者的学习需要。

3. 以微课为媒介的英语基础写作课程之“谋篇”教学设计

一篇文章一般由开篇、主体和结尾三部分构成。这三部分在文中所占比例是要精心设计的。突出文章主题的部分要详细阐述，与文章主体关系不大的部分可以一带而过。“Proportion is as important to an essay as it is to painting. Main facts or ideas deserve full treatment；minor ones should be given less space. The essential part of an essay is the body or the middle part. To give this part about seven or eight tenths of the total space will be just right. The beginning and the end，though important，have to be short.”

组织一篇文章犹如组织一个段落，文中所有的观点及案例都要服务于文章的主题思想。与文章主题不相关的内容，即使非常的有趣，也要被舍掉。一篇好的文章不允许作者提供与文章主题不相关的任何内容。当然，一篇文章要尽量生动有趣，吸引读者阅读。但首要的任务是要清晰、准确且富有逻辑性。“A good composition should have something interesting and/or important，and if possible，something new to say，and that this “something” is expressed clearly，accurately，and appropriately.”

4. 以微课为媒介的英语基础写作教学方法

以微课为媒介的英语基础写作教学方法主要有以下几种。

(1)采用直观教学法与启发教学法相结合。把单个英语句子比喻成一棵大树。简单句比喻成枝叶较少的杨树，复杂句比喻成多枝多叶的胡杨。段落是一片小树林，篇章则是一片大森林。借助树形图，启发学生对英语句式进行深层次思考。

（2）讲授法与问题探究法相结合。借助微课，以教师对学习重点、难点、典型案例等进行必要的分析与讲解的讲授法为辅，以引导学生通过查阅资料、观看微课视频、同学间相互讨论等方式发现问题、分析问题、解决问题的问题探究法为主。

（3）产出导向法与任务型教学法相结合。根据具体产出任务，引导学生查阅资料、观摩微课视频、积累素材，最后形成文本。

（三）以微课为媒介的英语基础写作课程的教学活动与评价

本课程坚持输出驱动、输入促成的教学理念，采用线下集中学习和线上分散学习相结合的混合式教学模式。本课程的教学活动主要有以下几种：

课前预习。课前预习分为三个阶段。第一阶段要求学生查阅课上要学习话题的相关知识（包括传统纸质资源和网上资源）。第二阶段提供给学生相关话题的微课视频供学生课下观摩学习。第三阶段学生在班级网络平台针对要学习的话题进行讨论。

课上集中学习。课上集中学习活动也分为三个阶段。第一阶段学生针对课前预习的任务进行小组讨论，然后小组代表发言。第二阶段教师结合学生发言及学生习作案例进行点评、分析及讲解。第三阶段为巩固练习及习作分享。

课下反思、在线讨论及资源共享。每节课后每个学生都要写反思日记，主要内容包括本节课的收获、困惑、问题和建议。写好后通过网络平台提交给任课教师。课下教师和学生一起在班级网络平台针对课上所学话题进行再次讨论及分享自己所查阅到的与话题相关的资源。

鉴于以上教学活动包括线上线下活动和课上课下活动，所以本课程拟采用“n+2”多元教学评价体系。此体系以学生为评价主体，第三方积极参与，以过程性、动态性为主要特点的全方位评价体系。此评价体系充分关注学生“学”的过程，以观测学生学习过程中的“变化”与“改进”为基点，不断对教学内容与进度进行实时调整，积极发挥学生评价对教学的反拨作用；评价坚持增值性导向，在尊重学生个体差异的基础上，鼓励学生不断进步，在课程评价过程中，引导第三方积极参与，及时、准确地把握现代教育对学生能力的需求，精准定位课程培养方向、教学内容的短板，促进课程的完善。

“n+2”多元教学评价体系中的“n”包括课堂表现、小组活动、电子线上线下作业、有效提问、独特见解、资源共享等，共占总成绩的50%。“2”包括期中小测成绩和期末成绩，共占总成绩的50%。由重终结性评价向多元化的形成性评价体系发展。由只重结果到重过程、重参与、重态度。养成学生良好的学习态度、学习习惯、健康向上的情感和科学的学习策略，从而构成一个和谐的多维互动的课堂生态系统，促进学生全方位的发展。

（四）以微课为媒介的英语基础写作课程的特色与创新性

（1）英语中的句、段、篇分别与树、树林、森林做类比，增强了英语写作教学的直观形象性。系列微课设计中均用一棵大树类比一个英语句子，一片小树林类比成一个段落，一片大森林类比成一篇文章，增强了英语写作知识的趣味性与生动性。

（2）借助微课等网络数字资源形成课上课下、线上线下的混合式教学模式。突出学生学习的主体地位，改变师生角色及话语权。学生从课程的被动接收者转变为课程的合作者与监督者，从机械接受者转变为积极思考者，从被动学习者转变为主动学习者，从观众转变为演员。教师从课程的执行者转变为课程的设计者与开发者，从教导者转变为学习伙伴，从传播者转化为对话人，从监管者转化为激励者，从演员转化为导演。

（3）课程建设与评估体系综合研究。本项目将“以微课为媒介的大学英语基础写作课程建设”与课程教学评估体系结合起来进行研究，以课程内容能力要求建立课程评估，以评估标准促进课程教学，以评估体系保证项目的正确实施。

（五）以微课为媒介的英语基础写作课程推广应用价值

在信息技术与外语教学深度融合的教育背景下，本课程拟以微课为媒介建设线上线下相结合的混合式大学英语基础写作课程，此课程强调学生学习中的主体地位，促进师生角色的转变，提高学生英语写作学习中的话语权，实现师资优化配置。同时此课程一定程度上解决了传统英语写作课堂教学中时间紧、反馈少、提高慢、学生写作动力不足、缺乏兴趣等问题。

借助数字网络课程资源，学生能够在网络教学平台查找大学英语基础写作微课视频并进行学习，从而实现优质教育资源共享，满足个性化的学习要求，同时也降低了教学成本，从而推动新时期河北高等院校大学外语教学的创新发展。

第三节　“互联网 +”时代的英语教学新模式之微信与英语听说写教学

一、利用微信平台开展英语移动教育

移动学习（mobile learning）是计算机技术、网络技术、移动技术快速发展、相互交叉融合下的产物，作为一种新兴的教育理念，尚未有统一的定义。从技术层面和设备要求来看，它以手机、PDA、便携式电脑、上网本等移动手持终端为学习工具，通过无线移动通信网络技术给学习者提供教育资源和教育服务。从学习者的角度看，移动学习是当学习者不在固定的、预先设定的位置下所发生的任何类型的学习，或者是当学习者利用移动技术所提供的优势所带来的学习。简而言之，移动学习就是利用无线移动通信网络技术以及无线移动通信设备，在任何时间和任何地点进行任何形式和任何内容的一种新型数字化学习方式。

微信（wechat）是腾讯公司于 2011 年 1 月 21 日推出的一个为智能终端提供即时通信服务的免费应用程序，微信支持跨通信运营商、跨操作系统平台通过网络快速发送免费（需消耗少量网络流量）语音短信、视频、图片和文字，同时，也可以使用通过共享流媒体内容的资料和基于位置的社交插件“摇一摇”“漂流瓶”“朋友圈”“公众平台”“语音记事本”等服务插件。

微信提供公众平台、朋友圈、消息推送等功能，用户可以通过“摇一摇”“搜索号码”“附近的人”、扫二维码方式添加好友和关注公众平台，同时微信将内容分享给好友以及将用户看到的精彩内容分享到微信朋友圈。

2016 年 12 月，微信团队在 2017 微信公开课 PRO 版上发布了《2016 微信数据报告》。报告中显示，微信 9 月平均日登录用户达到 7.68 亿，较去年增长 35%，50%的用户每天使用微信时长达 90 分钟。消息日发送总次数较 2015 年增长 67%。日成功音视频通话总次数 1 亿次，较 2015 年增长 180%。

（一）微信具有以下三大特点

1. 下载免费、注册简单，可以绑定其他工具

微信软件是一款免费下载的软件，用户可以通过手机软件市场、腾讯官网、发送短信或者使用手机上已经安装的二维码软件获取下载地址，成功下载安装客户端之后，用户可以根据自己的需求选择注册方式：QQ 号码注册、邮箱注册、手机号码注册。微信为广大用户提供了多种多样的下载方法和注册方法，充分迎合了每一个用户的要求。注册完成后，用户可以选择其绑定的工具，如 QQ、手机号码、邮箱、微博等，更加方便了用户与好友的沟通。绑定 QQ 后，在 QQ 不在线的情况下，微信可以接收 QQ 离线消息，提醒用户收到新消息；绑定邮箱后，只要收到新的邮件，微信就会显示邮箱收到新邮件，方便了用户在第一时间查看信息。

2. 信息呈现形式多样，交互能力增强

与其他一些社交软件不同，微信支持多种形式的信息表达，例如文字、语音、图片、视频、表情等不同形式。多种多样的信息表达方式使得人们的交流变得绘声绘色，用户不再局限于单一的交流方式，可以根据个人的兴趣及需求选择合适的表达方式。除此之外，微信还支持群聊功能，不管用户来自哪里，只要在这个群中就可以跟大家交流，这使得微信的交互能力更强。

3. 更具有社交性

自从进入 Web2.0 时代以后，全社会便进入了一个社交性网络时代。随后，社交网站以及社交软件层出不穷，它们都充分展示了社交网络的魅力，但在社交性上，跟微信还存在很大距离，微信在社交方面显得更有优势。微信通过查看手机电话簿、QQ 等方式添加好友，除此之外，它还引进了定位的功能，用户可以使用“附近的人”功能查看一公里以内正在使用微信的人，并申请加其为好友。此外，微信还提供了“摇一摇”功能，用户可以与附近正在摇手机的人成为好友。相对于 QQ、飞信、米聊等聊天软件，微信更具有社交性，是这些软件的整合体。

正因为以上特点，微信自腾讯公司发布后，便快速得到了手机一族的认可。根据腾讯官方的最新统计数据，目前使用微信的用户数量已冲破 6 亿，并且每天有超出 1 亿的用户在频繁使用微信，逐渐成为越来越受欢迎的社交通信工具。如

今微信作为一种新媒介已经被大量应用到广播电台、旅游服务、企业维护等领域。有人以经济学 S（Strength）W（Weakness）O（Opportunity）T（Threat）理论分析微信还可以红多久，结果表明微信将在商业领域有巨大的发展前景，如广播电台用它来和听众交流，还可以用于企业和会员之间关系的维护等。在教育领域中，微信也得到了广泛的应用。

（二）微信在移动教育中的传播模式

1. 信息传播模式的含义

关于模式的含义，目前学术界尚没有被大家所认可的统一定义。现在通常把模式定义为：将现实生活中处理问题的方式方法经过不断提炼、升华，最后概括到理论层次，这就是模式。生成一个模式图，需要把握好以下几个方面：第一，模式是将现实中具体的事物进行抽象处理。模式来源于现实，但高于现实，模式是现实的再现；第二，模式是一种简化的形式。模式是经过缜密的理性思考概括出来的，用简洁明了的方式表达；第三，模式是人们把日常经验理论化，采用理论形式来表示，它不是一种方法、计划。

在传播学研究中，大多数研究者采用模式方法构建传播模式。实际上，传播模式就是人们在理论层面全面掌握传播的整体过程和结构，在了解传播过程的同时，认真分析传播过程中的各要素之间的关系。在传播学的发展历史中，传播学者已经提出和构建了许多成熟的传播模式。虽然在学术界已经存在了很多优秀的传播模式，但是这些模式都有一个共同的特征，即线性传播，也就是继承了拉斯韦尔公式。

其实，所有的传播模式无外乎以下之一：一种是表现传播过程中各要素关系的模式；另一种是表现传播过程及结构的模式。这两类比较而言，后者是对整个传播模式整体的把握，从宏观角度表述了传播的过程，前者是从微观角度描述了传播过程。

2. 微信的信息传播模式

美国著名传播学家拉斯韦尔提出了传播学的基本模式，简称“5W 模式”，即 Who、say What、in Which channel、to Whom、with What effect。学者吕海燕对微信的传播模式做出以下概括：

（1）Who——传播主体。首先，微信针对的用户群体非常明确。微信是一款基于 QQ 平台的即时聊天软件，鉴于 QQ 具有庞大的用户数量，因此微信也具有良好的用户基础。随着计算机技术的不断发展，我国的互联网用户数量也在不断增加，正如中国互联网络信息中心（CNNIC）公布的第 33 次《中国互联网络发展状况统计报告》中显示，截至 2013 年年底，国内网民数量已经超过 6 亿，其中有 5 亿为手机用户，互联网普及率也有所提升，达到 45.8%。根据调查显示，网民中有超过 80%的用户将手机作为上网工具。在不同品牌的移动即时通信软件中，QQ 大约占据了 95%的市场份额。微信是针对智能手机开发出来的，为了使用方便，腾讯公司让广大用户可以利用 QQ 号码登录微信，无须重新注册，所以智能手机的良好发展态势和 QQ 的广泛使用加快了微信的发展。

其次，微信用户表现出高学历、年轻化的特征。从微信用户属性调查的数据中可以看出，经常使用微信的人群中，排在前三位的是大学生、白领、IT 行业从事者，仅大学生用户就占到了总人数比例的 64%，其余两类人群加起来占了 26%。

从统计出的用户年龄可以看出，占 74%的用户年龄主要是从 20 到 30 岁不等；其次是 0 ~ 20 岁的用户，占了 16%。从这些权威的调查报告中我们可以看出微信用户正在朝着高学历、年轻化的方向发展。

（2）say What——传播内容。微信平台的稳定、收发信息的便捷迅速及对用户隐私的良好保护，是其最为明显的几个特征，除此之外，微信还结合了腾讯公司其他非常出色的服务项目，比如 QQ 邮件提醒，QQ 离线信息接收等，传达信息很快捷，具有时效性。另外，微信保护了用户的隐私权限，缩小了目标交际圈，朋友圈类似于 QQ 空间，但其设计更加简洁私密。在朋友圈中隐私性表现得更加淋漓尽致，如果有两个好友同时评论了你的状态，但是这两个人并不是好友关系，那他们就只能看到自己的回复，看不到别人的回复；如果这两个也是好友关系，就可以相互看到对方的回复，这在一定程度上很好地保护了对方的隐私。另外，QQ 用户可以根据自己的需要来选择在线状态，目前，QQ 有很多用户喜欢“潜水”，这样就减少了一些垃圾信息的骚扰。2013 年 3 月，马化腾接受采访时说道：“微信没有在线和离线的概念。”在功能上，微信实现了精简和强化。微信采用绑定手机号码的方式将用户实名制，这使得一些广告商强制推送的消息无法进入，保证了信息的精简。根据施拉姆选择或然理论，受众获得信息越简单，所选择这种媒介的可能性就越大。

（3）in Which Channel——传播媒介。微信是在智能手机和平板电脑的基础上发展壮大的。微信语音信息对应手机的扬声器和麦克风，手写输入信息对应多点触屏，扫一扫和图片分享对应手机摄像头，查看附近人对应 GPS 定位功能，摇一摇对应手机重力感应器。当前手机市场上，微信客户端有多个版本，可以实现在不同操作系统上登录微信客户端。在此基础上，微信也拓宽了信息传播渠道，而且还整合了各大优势平台的功能。它推出了“扫一扫”和 LBS 定位功能让受众更加方便快捷地获取信息。另外，微信已经整合了腾讯公司旗下的相关应用和手机通讯录，完全具备了互联网时代平台型产品的潜质。聚集、共享优势平台，微信基本上整合了人们日常生活中使用的各种工具，也可以说是这些工具的“集大成者”，其优势显而易见。

（4）to Whom——传播受众。在现实生活中，人们通常按照远近亲疏关系将社交关系分类。而在虚拟社交环境中，人们通常按照距离的远近和交往的亲密度将虚拟社区分为三类：近距离、中距离和远距离。

近距离也就是熟人交际圈。这些熟人包括手机通讯录上的亲朋好友和 QQ 上的熟人，传受双方通过微信沟通、交流，不断增强感情，因此这种交际方式便形成了成熟、稳定的熟人交际圈。

中距离就是千米交际圈。微信有一个“附近的人”功能，用户使用此功能可以查看千米以内的正在使用微信的用户。在查找出来的用户中，你可以看到用户的头像、昵称、签名、对方与你的距离，有了这么多详细的信息，用户就可以选择跟自己的感兴趣的用户互动聊天。

远距离即陌生人交际圈。远距离交际圈也就是将微信用户的交友圈从熟人大到陌生人，这一功能的实现主要借助于“漂流瓶”“摇一摇”等功能。有了这些功能的出现，用户就可以轻而易举地给陌生人推送信息，使得交际范围不断扩大。

（5）with What Effect——传播效果。

第一，微信个人账号的传播效果。微信的个人账号就是以用户个人身份建立的账号。微信上，朋友之间经常通过微信聊天来沟通感情。除此之外，微信也可以为那些需要帮助的人提供帮助，例如利用微信可以找人，发布寻人启事，据网上新闻报道，有的地方派出所开通了“微信警务平台”公众账号，利用该平台他们已经成功帮助有需要的人群找到了自己的亲人。所以说，微信的传播效果是极其明显的，但是微信上的信息良莠不齐，我们要养成良好的信息素养，取其精华，去其糟粕。

第二，微信公众平台的传播效果。利用微信公众平台传播消息主要是为了让用户认识到知识的价值，然后将信息进行逐步扩散和分享，同时还可以和公众平台进行互动。公众平台的主要作用就是群发消息、进行品牌宣传和推荐分享。所以其受众比较明确，例如化妆品公司创建的公众平台，其主要的客户就是女性朋友，所以其目标客户和受众就是女性。显而易见，针对目标受众的定向信息推送肯定会取得更加明显的效果。

二、以微信 + 移动网络为媒介的英语听说教学

微信作为新兴的网络通信工具已经成为学生日常沟通必不可少的新型沟通方式，给网络化外语教育带来了新机遇。微信以互联网为媒介，支持发送文字、图片、视频、语音短信，具有更新快、回复快、零资费、跨平台、移动即时通信等特点，丰富和简化了手持设备用户之间的沟通方式，让人和人之间的关系变得更富有弹性，可以实时，也可以异步沟通，让你跟熟人保持联络的同时也不断结交新朋友。在网络化教育环境下，将微信这个新的网络交流平台运用到大学英语教学当中，让其成为与同学、教师以及其他微信好友分享英语习得成果的桥梁，拓展了大学英语教学的时间和空间，有利于调动学生的积极性、能动性和创造性，有利于营造自主学习的氛围，是大学英语教学的一种强有效补充。

微信在当今社会普遍被人们所接受，被称为“指尖上的对话”。微信是中国互联网企业腾讯公司于 2011 年 1 月推出的手机聊天软件，是 O2O 商业营销模式最为典型的手机应用软件，人们可以通过网络发送语音短信、视频、图片和文字进行多人聊天，微信公众平台是微信软件新增的功能模块，以这一平台为基础，可以实现特定群体的文字、图片、语音的全方位沟通、互动。

（一）英语听说教学现状

伴随着我国综合国力和经济实力的不断增强，一个人所具备的英语听说能力显得越来越重要。英语听的能力属于输入能力，英语说的能力属于输出能力。在当今生活节奏不断加快的时代背景下，英语听说能力是人们日常生活、工作、学习交流中必不可少的且非常重要的一种能力，但是当前我国的英语听说教学却存在着以下几种情况。

听说教学被边缘化。在当前的大部分英语教学中，英语教师没有把学生英语听说能力与英语读写能力放到同等重要的位置。在日常教学中，过分注重英语的读写能力，一定程度上忽略了英语听说能力的培养。其原因有以下几点。

1. 考试是日常教学的“指挥棒”现象依然存在

纵观各级各类考试，小升初英语考试试题、中考英语考试试题、高考英语考试试题、大学英语四六级考试试题，这些考试试题中虽然听力分值占了一定的比例，但是远远不及读写分值的比重大。另外，英语说的能力在各级各类的英语考试中所占分值比重更是微乎其微，尤其是在一些欠发达地区和农村边远地区的英语教学中，英语听说教学往往被忽视的严重性更为显著。

2. 英语听说教学所需的思辨能力缺席

英语听说能力需要学生快速获取、分析、判断、总结、归纳等能力。近年来，西方教育界越来越重视学生批判性思维能力的培养，人们把批判性思维看作学习中不可分割的一部分，将其与解决问题并列为思维的两大基本技能。美国将批判性思维能力的培养列为高等教育的重要任务，剑桥大学等高校已将批判性思维水平作为入学考试的一部分，西方国家部分高校也单独开设了批判性思维课程，以增进学生对批判性思维的了解与重视，最终促进其批判性思维能力的发展。

国内一些学者开始致力于外语学科中批判性思维的研究以及提高外语学习者批判性思维能力的途径的研究。对《中国学术期刊全文数据库》（CNKI）进行检索，2002 年至 2017 年 15 年间主题与“批判性思维”和“外语”精确匹配的论文共计 135 篇。2012 年至 2017 年 5 年间主题与“批判性思维”和“外语”精确匹配的论文共计 106 篇。近 5 年的论文总数占近 15 年论文总数的 78.52%。

批判性思维能力不会简单地随着年龄的增长而提高，但是批判性思维可以习得，恰当的批判性思维教学有利于提高学生的批判性思维能力。以美国为首的多数高校都专门开设批判性思维课程或培养批判性思维的逻辑课程，并实现与具体学科教学的有机结合。在教学策略上，传统的填鸭式教学模式被指责为不利于批判性思维培养，因此出现了许多新的教学策略，比如苏格拉底发问式教学、基于问题的学习法、批判性的辩论、小组协作学习以及利用写作教学等。

国外学者们越来越关注批判性思维培养途径及与各学科的关系。Paul 等为教师设计了手册，演示如何结合语言、社会科学及科学培养学生的批判性思维能力。美国贝克大学自 1990 年以来坚持给一年级学生开设批判思维和有效写作课。哈佛和美国西北理工等学校紧密结合写作特别是论辩性论文写作讲授批判性思维。新加坡在课程内容、教学法和教学评估等方面也突出批判性思维教学。国内学者们特别关注如何通过写作训练提高学生的批判性思维能力。曲卫国从议论文命题解读及定义以及论证等微观层面探讨批判性思维训练。韩少杰等从范文评价、写作立意、资料查找及学生互评等探讨了写作教学中培养学生批判性思维的途径。李莉文提出改革英语写作评测新模式以培养学生的批判性思维并从英语专业技能课程改革这一宏观层面探讨了批判性思维的培养途径。在外语界，有研究者尝试在分析性阅读中融入批判性思维培养的内容。刘伟、郭海云提出了批判性教学模式。文秋芳在英语专业研究生的“文献阅读与评价”课程中，将批判性思维的培养有机融入教学的各环节。

3. 英语听说教学设备匮乏，教学手段单一

自 1999 年扩招以来，各高校的生源是源源不断，学生的突然膨胀与教师的数量形成鲜明的对比，许多学校已不同程度地出现了教师紧缺现象，特别是公共外语等基础课教师。以某地方本科院校为例，该校现有大学英语教师 18 名（除在外进修人员），承担全校两个年级 7000 余名学生的大学英语教学，大学英语教师与学生的比例为 1 ： 388，每个班的学生多则 70 ~ 80 人，少则 45 ~ 60 人，这种大班授课使教师与学生，学生与学生之间无法很好地交流，更难以有效实施以学生为中心的讨论交流教学法。另外，在高科技如此发达的今天，许多学校却仍旧采用“粉笔、黑板、录音机”这样陈旧的教学设备。在教学过程中，为了便于学生理解，教师每天必须一黑板一黑板的书写，这样既费时又费力不说，学生

还觉得枯燥无味，而且到了阴天，光线不好的时候都会给学生带来不便。听力课上，也会因为录音机的效果不佳，使得学生听不清楚，达不到预期的效果。这些因素不仅影响学生的学习，更影响学生的心境。

4. 听说教材滞后，脱离实际

近几年来，各种教材也层出不穷，其中也不乏一些优秀教材，但绝大多数听说教材都采用 CET 的编排模式，应试性较强，且偏重于听说训练，很少有专门的口语教程，而且即使有，其科学性、实用性、趣味性和时代感也不强。

（二）微信群的功能与优势

微信群具有以下主要特征，可以很好地弥补当前英语听说教学的困境。

第一，便捷性。我们可以无门槛地创建和加入班级微信群，任何人都可以直接用手机 QQ 注册和登录微信，加入班级微信群。微信软件的使用是完全免费的，我们可以无偿地使用任何功能。从这些微信的特征可以看出，此软件给人们提供了很大的便捷性，特别是对于消费能力较低的学生来说，微信软件是他们生活和学习的一个随身伴侣。

第二，丰富性。微信软件的特殊设置可以发布内容丰富的有声有图有文字的多媒体资讯信息，如特定的文字信息、图片格式、语音以及视频等多种资料。

第三，精准性。通过班级微信群，我们可以实现消息的精准推送。

第四，实时性。微信可以与用户进行实时交流，可将常用的图片信息、文字、语音和视频等不同内容加以归纳后整理成需要的素材以便在日常消息互动时使用。

教师可以利用微信平台发布作业，并上传作业相关的学习资料。学生们可以通过微信随时上交作业，教师在很短的时间里及时反馈意见，也可以组织学习者在微信群里讨论，从而提高学生的运用知识的能力，让学习变得更加碎片性、更加高效性。

学习者在学习微信中的知识点、课堂上的一些内容、在微信群讨论时会遇到一些困惑，利用微信及时给教师发问，教师在课间休息时，在批改作业时，在家里休息时或在课上发现时，可以及时给予学习者帮助并加以解决。发现微信群中多人提到的共性问题时，作为重点，多讲解、多练习从而强化知识点，让学习者能在短时间内弄懂吃透，提高学习者学习的热情、教学效果和教学质量。

第五，匿名聊天。在班级微信群里，学生只要进入班级微信群，再点击右上角的头像，再下拉菜单中的“我在本群的昵称”中可以随意更改自己的在班级微信群中的昵称，匿名聊天和发表意见有利于学生畅所欲言，充分表达自己对某一观点的所思、所想，可以有效地培养学生的思辨能力。

“知其然，不知其所以然”的英语听说不是批判性的听说。“知其然”的听说只是记忆词句，或许可以应付“知识性”的考试。这种非批判性听说缺失了理智的营养和精神的精华。如果一个学生只是读了名篇，并且记住了一些观点和优美词句，并奉之为教条，结果反而成了学生的鸟笼——阻碍了自己思想的发展。

批判性听说的目的是理解和发展。理解就是“知其所以然”，就是知道作者为什么要这么说，知道作者是以什么样的方式说出来的。批判性听说的第二追求就是质疑和批判，就是对文章中的论证做出自己的判断和认识：作者这么说有道理吗？它可以修正或者发展吗？如果是，怎样进行。

批判性听说需要读者进行更高层次的精神活动，调动大脑更多的智力能力。批判性听说又称活跃的听说。批判性听说会产生更深刻和全面的理解，更有可能激发人的原创力，更有可能把学生转变成知识的创造者。

培养学生思辨能力是中国高等教育的核心目标之一。近年来，国内外语界对英语专业学生思辨能力的培养开展了热烈的讨论，文秋芳等纷纷指出培养学生思辨能力的重要性。将听说与写作任务有机整合，是提高思辨能力的一个重要途径。实现该目标的第一步是研究思辨能力的构成，然后根据协同效应理论，设计读写协同任务，整合听说与写作，以此提高学生的思辨能力。研究表明，虽然听说与写作分别代表输入与产出两个不同指向的认知活动，但是当两者通过协同任务有机整合时，可以发挥协同效应，激发学生积极的思辨活动，从而提高思辨能力。

（三）微信应用于英语听说教学的优点

1.师生交互更加即时和便捷

将微信应用于移动教育最大的好处就是微信具有即时性和便捷性。在传统教育中，教师和学生课上见面，而学生课后遇到的问题要么就是等第二天去学校向教师和同学请教，要么就是问题被忽略了，久而久之，学生堆积的遗留问题会越来越多，从而导致学生的自学能力在不断下降，影响学习质量和效率。在这里，师生可以利用微信的即时性和便捷性，学生可以通过微信聊天找到同伴共同商量问题，也可以直接发信息请教老师，力争当天巩固当天所学的新知识，从而为下一步的学习打好基础。

2. 在大学英语教改中利用微信真正做到以学生为中心

利用微信更好地开启大学英语翻转课堂教学模式，翻转课堂模式的开启，充分体现以学生为中心的教学理念。教师利用微信布置发布教学相关任务，课前的预习、课中的内容、课后的作业任务。学生通过微信接收学习任务信息，按照老师相关要求提前做好预习及分配任务，比如提前查阅和本次课文相关的内容，并按老师的要求以小组为单位做好 PPT 课件及说明，课中展示。这样学生们通过小组自学、小组讨论等方式更好地、主动掌握相关知识，真正地让学生通过自己主动的思考获取知识，这样的学习所获得知识记忆深刻，也不容易忘记。学生在课前预习的过程中遇到问题及时在微信群中发问，老师或同学可以及时解答疑惑，缩短困惑时长，使学生恍然大悟后能更快地接收信息和知识点，这也就提高了高职学生的运用英语的能力。课中进行大操练、大比武，学生在相互展示作品的同时也提高了英语的听、说、读、写能力。

3. 可缩短师生间的心理距离

从学生的心理成长角度分析，在学生的成长过程中，他们由于身心各方面的不断成长和自我意识的不断增强，将会有很多他们认为难以启齿的问题；同时，在传统教育教学过程中，讲授和传递知识是教师的主要工作，教师通常只关注学生的学习情况，常常忽视学生的身心发展问题，久而久之，师生之间就出现了沟通鸿沟。将微信应用于移动教育中，学生和教师可以采用匿名方式进行沟通，不少学生就会主动向教师讲述自己的问题，以正确引导学生的成长发展。除此之外，学生可以就课堂上不敢提出来的一些想法和老师进行沟通，这样就不必在乎周围同学的眼光。将微信引用到移动教育中，教师和学生就会从传统教育中的师生关系变成既是师生，又是朋友，有利于学生身心的全面发展，从而也就缩短了师生之间的心理距离。英语安排的课时少，课后交流较少，许多学生甚至于一学期的英语课上完了都不知道自己英语教师的姓名。微信群或朋友圈建立后，当信息发布者的信息发布到朋友圈或微信群中，在圈里或群里的朋友就可以看见，更好地了解对方，加强了解的深度，更能理解对方，关系更和谐。老师在布置作业、检查作业等更能了解学生学习的进度和知识点的理解度，更好地掌握学生的知识结构。通过浏览学生发布的一些消息更能掌握学生的家庭情况、学习情况、交友情况、情感情况、思想情况等，了解度加深，关系更融洽，更有利于英语教学的开展，提高学生学习的积极性和主动性。当教师在规定时间里要求学生在群里用英语进行语音交流时，更能掌握学生的英语口语水平，也能及时地给予指导性意见和建议。通过这种非面对面的交流，学生在开口说英语时，可以先查阅资料，在微信群里朗读出来，提高学生学习英语的自信心，促进英语各方面能力的提升。

第五章　互联网背景下英语多元教学评价体系

第一节　英语教学评价概述

伴随着“互联网 +”时代的到来和信息技术的快速发展，英语教学模式发生了巨大的变化。英语教学理念、英语教学方式、英语教学手段、英语教学体系等伴随着信息技术的不断发展也处于不断发展完善中。顾明远教授指出，教育技术是人类活动中所采取一切技术和手段和方法的总和；信息技术指能够支持信息获取、传递、加工、存储和呈现的一类技术。信息技术与课程整合是指学科教学过程中把信息技术、信息资源和课程有机结合，建构有效的教学方式，促进教学的优化。信息技术和学科课程的整合本质在于发展学生的思维能力，培养学生的优良品质。引入信息技术能帮助解决英语教学比较关键且英语常规教学手段比较困难解决的问题。有效使用信息技术和英语课程的融合可促进英语教育均衡发展，优化优质教学资源的配置，提高学生英语学习的积极性与主动性，满足学生个性化的学习特点。

一、英语教学评价的内涵

评价通常是指对事物的价值高低的判断，包括对事物的质与量作的描述和在此基础上做出的价值判断。它是一种价值判断活动，是对客体满足主体需要程度的判断。将评价用于教育，便产生和发展了教育和教学评价。教育评价是对教育活动满足社会与个体需要的程度做出判断的活动，是对教育活动现实的或潜在的价值做出判断，以期达到教育价值增值的过程。教育评价包含学生评价，教师评价，教学评价，课程评价，学校与教育机构评价，教育目的的评价，教育制度的评价，教育内容的评价，教育方法的评价，教育管理方面的评价等。根据《教育部关于积极推进中小学评价与考试制度改革的通知》，教育评价又可分为三个评价体系：促进学生发展为目标的评价体系、促进教师职业道德和专业水平提高的评价体系提高学校教育质量的评价体系。作为英语老师，要对你自己的学生的英语学习进行评价。所谓教学评价，就是根据教学目标和教学原则的要求，系统地收集信息，对教学过程中教学活动以及教学成果给予价值判断的过程。英语教学评价是指英语课堂教学实施中的评价。笔者认为，英语教学评价，指依据英语课程目标，对学生英语学习过程、教师的课堂教学和学校组织实施英语课程的评价。

英语教学评价是英语教学过程中必不可少的重要组成部分。英语教学评价体系的科学与否直接决定着英语教学的成败。科学有效的英语教学评价体系是实现英语教学目标的重要前提和保障，也是检查英语教学组织与实施的重要手段。英语教学评价应根据英语课程标准的目标和要求，实施对教学全过程和结果的有效监控。英语教学评价不仅注重终结性评价，更应该注重形成性评价。

以学生为评价主体，第三方积极参与，以过程性、动态性为主要特点的全方位评价模式。课程评价面向学生，充分关注学生“学”的过程，以观测学生学习过程中的“变化”与“改进”为基点，不断对教学内容与进度进行实时调整，积极发挥学生评价对教学的反拨作用；评价坚持增值性导向，在尊重学生个体差异的基础上，鼓励学生不断增加进步幅度；同时，在课程评价过程中，引导第三方积极参与，及时、准确地把握现代教育对学生能力的需求，精准定位课程培养方向、教学内容的短板，促进课程的完善形成性评价与终结性评价相结合，使学生在英语学习过程中借助教师、同学、学校等多方面的肯定与评价不断体会进步与成功，认识到自己的优势与不足，在充分了解自己的学习状态的基础上建立自信，促进学生综合语言运用能力提高，从而提高学生的核心素养。反之，教师通过学生对教师教学过程的评价也可以得到很多反馈信息，通过分析、总结、反思反馈信息对自己的教学行为进行反思和适当的调整，促进教师不断提高教学水平使学校及时了解课程标准的执行情况，改进英语教学管理的现状，促进英语课程的不断发展与创新，使英语教学效果进一步提高。

二、英语教学评价的现状与建议

传统的英语教学评价过度重视终结性评价而忽视形成性评价，重视英语读写能力的评价而忽视了英语听说能力的评价。

（一）考试或测试

1. 考试或测试形式及分值分配现状

由于历史、传统和认识上的局限性以及各种教学设备、教学资源、教学课时及各种社会因素的影响与制约，英语教学评价体系一直存在重结果，轻过程；重分数，轻能力；重应试，轻素养的现象。种种现象导致考试成绩是对教师教及学生学进行评价的主要参照点。一般情况下，一学期举行几次小测和学期末的期末考试次，如小测 1、期中考试、小测 2、期末考试。测试内容中写作、翻译、阅读所占分值比例达到 70%以上，英语听说能力所占分值比例较小。

2. 考试或测试形式的反拨作用

长期以来的教学认识认为考试题型就是平时教学过程的指挥棒。测试内容和形式影响了平时日程的教学内容和教学活动，对教学实践活动产生重要的影响。也就是说考试形式及内容一定会对参与考试的学生及授课教师产生重要影响，这也正是测试的反拨作用。考试越重要，其反拨作用越大。

3. 语言测试理论

（1）信度。信度是指的一次考试在不同阶段测试其成绩能够达到高度的一致，或者其成绩排序时一致的。信度就是指的测试的可靠程度。在一般情况下采用二分法来计算信度指数。

根据 Hughes（1989），同一套试题在不同的时间和条件下，考生得出的成绩越接近，测试的信度就越高。但是这一想法在现实中实现的可能性是不大的。如果让考生不同时间进行同一测试，若中间间隔时间较短，学生会通过记忆来完成题目无法发现试题的信度；若时间较长，学生会在间隔的时间里有所进步，因此也无法判断。并且两次相同测试的进行时间上的间隔是以在这期间学生所接受的教育和努力的程度是一致的这种假设为前提的。

影响信度的因素很多，比如测试的环境、题目的数量、试题区分度、试题的结构、题目指令的准确程度、评分的客观性等方面。

（2）效度。效度是指测试卷的有效性，即测试是否考查了测试者所要考查的内容。效度通常包括表象效度、内容效度、结构效度、考点效度、反拨效度等。试卷中主观题越多，其效度就越高，内容效度是指测试的内容是否准确代表了它想要测试的内容；结构效度是指测试与它想要测试的内容的相符程度。试题旨在测试的是语言，不是语言形式结构。“效度是语言测试的基本出发点”。同样，Bachman 也曾指出“语言测试专业化和语言测试效度研究是语言测试界现在和未来研究的两大重点领域”。

（3）信度与效度的关系。在真实的交际过程中，语言是多维的。语言的运用牵涉到语码、渠道、意义、语体、语域、环境、背景等维度。要把运用中的语言从其多种维度去测试，即使达到了高效度，但却不容易达到高信度。

测试分为接受性测试和产出性测试。杨慧中认为语言测试中产出性测试（翻译和写作等）的效度比接受性测试（选择等）效度更高。通常情况下，客观题信度较高而效度不高，主观题效度高而信度不高。因此，考试设计和题目设计的理想状态是在信度和效度之间找到一个最佳平衡点。

没有效度的试卷可能有信度，而没有信度的试卷一定没有效度。一个设计良好的测试通常具有以下特点：信度、效度、真实性、互动性、影响性和实践性，其中信度和效度极为重要，但是在信度和效度之间又存在着一定的冲突。通常，测试的信度越高，其效度越低。效度应该是测试者设计试卷的基本考虑，因此在设计测试卷的过程中可以牺牲部分信度来提高试卷的效度。这并不是说试卷的信度不重要，而是基于让一个测试卷能够实现其测试功能的综合考虑而进行平衡的结果。

4. 试卷的反拨作用

测试内容和形式反映了语言教学观，而其又会对教学实践活动产生影响。也就是基于考试的重要性，它一定会对参与考试的人员及相关人员产生影响，这就是反拨效应。考试越重要，其反拨作用就越大。反拨效应源于考试，但是却不会完全受测试设计者的控制和操控，甚至有时候会恰恰相反，因为其是由参与考试的所有人员和各个环节共同促成的。所谓的“应试教育”正是在这种条件下产生的。教与学反拨效应是指测试对教师教学工作和学生学习方向等方面的影响。测试的内容、形式、题型必然会使教师调整教学方法、教学手段、教学进度等；也会使学生调整自身的学习策略和学习态度。测试在对教与学产生反拨效应的同时，也会产生其他的反拨效应，如教学大纲的制定、教学的组织方式、教学的评估方式、教材的编写和选取甚至包括教学体制的改革等。

反拨效应还可分为显性反拨效应和隐性反拨效应。显性效应指的是测试对教与学以及其他各个方面产生的明显的影响；而隐性效应是指测试的深度的、不易察觉的影响。

反拨效应可以分为积极反拨效应和消极反拨效应。积极反拨效应是对教学实践活动和被测试者能力提高的正面影响。例如，在一卷中，听力测试环节，会引导教师和学生注重听力能力的培养和提高，这与教学活动的目标是一致的，学生取得理想成绩的同时也会提高语言应用能力，这样的考试内容和形式还会提高考试的效度；测试卷中合理的语义知识和语用知识比例，会帮助学生在掌握语言基础知识的同时提高交际能力；真实的未经加工的语料作为测试素材，会增加被测试者的语言感受；语境下的测试会帮助被测试者了解语言只有在语境中才会有意义；真实的写作材料会帮助应试者提高在走上工作岗位后的适应能力。总之，以提高应试者能力为目的并将其真正体现在测试题目中的测试，会对教学活动、学生的学习动机等产生积极的影响。

消极反拨效应的存在是不以测试设计者的意志为转移的。考试的结果会对相关人员产生重要影响，其重要性的存在必然促使对其特点研究的产生，从而产生有针对性的知识性和非知识性应对措施，消极反拨效应也就随之产生。通过访谈，我们发现使用二卷的班级，由于不存在听力能力的考查，任课教师会消减一些大纲规定的听力课程，转而进行语法知识的练习；即使进行听力练习，也会受到学生的冷落，部分学生认为没必要，耽误时间；往年考试中存在翻译题目中要求翻译的句子来自所学课文的情况，许多学生在考前将所有课文中的疑难句子梳理一遍，并配上汉语意思；教师在授课过程中缺乏对学生具体情景下的口语交际的指导，转而进行过多的语法分析，以应对多项选择题和词汇变形题；考前辅导中教师会着重指出如何通过推理找到选择题的答案；考试的结果会将学生加以区分，学习好的学生学习动力更加充足，而学习较差的学生的学习信心就会受到打击；

非知识性、非语言应用性因素影响了教学活动的正常开展和测试效度的提高。

反拨效应的产生也受其他因素的影响，如教师的教学理念、教学风格，因此在某种程度上可以说测试会对不同的教师和学生产生不同程度和类别的反拨效应。

5. 对于测试试卷形成过程的建议

通过以上数据分析，可以看出现阶段英语教学中的部分试卷的形成过程存在着主观性和随意性，影响了考试的信度和效度，其积极反拨效应没有充分显现出来，即没有全方位的促进教学活动的开展和学习者语言能力的提高。语言测试是语言教学不可缺少的一部分，它是评价人才的一个重要方面，也是评估教学和学习效果的重要方式。因此以基本的测试原理为依托，设计出科学严谨的语言测试卷，对于及时、准确、客观的评价学习和教学是十分重要的。良好的语言测试卷还会对语言的教学和学习产生良好的引导，从而促进学习效率的提高和学习效果的转化。

因此，有必要对英语测试试卷的形成过程加以规范，使其更加的科学。故提出以下建议。

（1）了解、明确考试的受测对象和教学过程。基于考试的反拨作用，以及在许多情况下考试结果对于受测者会产生多方面的影响，命题者要对受测对象的学习方式、学习需求、潜在岗位范围、教学进度、教学方式方法、教学重点等有大致的了解。测试题目和能力培养目标之间必须一致，即语言测试必须保证测试的知识和技能与真实交际活动没有差别。即在题型设计过程中考虑考查学生哪些方面的能力，以引导学习的方向，否则将无法体现测试的效度；教学过程中方式和内容方面存在哪些不足，可以通过考查的方式和内容来引导。

（2）进行测试信度效度的预评估。在条件允许的情况下，当试题形成之后，在小范围内进行实验性测试，对测试结果进行分析，观察其整体及各个题目的信度、效度和难度，然后进行修正，之后再进行大规模使用。

（3）做好测试结果的统计分析。通常情况下，测试结束后进行的统计侧重于统计结果，试卷分析侧重于班级整体的成绩分布，而缺乏试卷整体及每个题目信度、效度等的评价，对试卷质量的评估往往被忽视。建立历年试卷库，对测试题目进行分析并保存，有利于对于试题信度和效度的研究，比较各个题型的利弊，特别是有利于对比效度的研究。并且当试题达到一定数量后，可以建立试题库。因为这些题目曾经被使用，所以组卷过程中关于每个题目的信度效度等参考指数更有利于形成一份科学的试卷。

（4）丰富和完善测试的形式。由于参加测试者数量庞大，影响了主观题目的使用和测试形式的丰富。题型的丰富多样性能够提高测试的信度，因为当考生对某个题目表现不稳定，没有完成这个题目的时候，还可以有其他的题目可以选择完成。同时，这些多样化的题目应该是相关的，而每个题型应该相互独立。

在条件成熟的情况下，可以通过主题演讲、角色扮演、应用文写作、小组讨论、完成特定任务等方式来完成测试。这将会使测试更加接近语言的实际应用，而不是专注于特定的语法点。

（5）建立试题库。建立试题库将会使组卷更加便捷，并且会在一定程度上减少主观的干扰。但是试题库并不是测试题目的简单集合，而是为考试提供具有测量学价值和意义的考试标准，并实现考试的科学化和高效化，极大提高考试工作的质量水平。因此试题库的建立必须为每个测试题目提供能够对其全方位进行描述的属性。试题库中的题目要对教学内容和能力提高的目标形成有效的覆盖，并且各个题目间要形成一定的层次。试题库形成后还要进行一些试验性的测试，以检验试题库中题目是否符合要求，通过不断增加有效题目和剔除无效题目的方式不断完善。

总之，为了使测试有一个比较好反拨作用，要尽量避免一些可能影响试卷效度的因素，如题目要求不明、测试题目样本不具有代表性、题目难度过大、与教学目标不一致、与课本学习内容太相关或过于不相关、测试题目任意排序、某个类型题目过多或权重过大等问题。

6. 英语考试改革实施方案的意见和建议

为了更好地服务于学校的人才培养目标，充分发挥测试对教学的引领作用，使英语测试能够更加公正、客观、真实、全面地反映学生的英语水平，使学生更加重视英语交际能力的提高，总结前期英语教学改革成果，现制订英语考试改革方案：

（1）指导原则。教育部高教司颁布的《高职高专教育英语课程教学基本要求》中指出："语言测试在考核英语知识的同时，应着重考核学生实际运用语言的能力，要做到科学、公平和规范。"因此，英语考试改革的原则应该是：重点考查学生的语言交际能力，兼顾对基础知识的考核，试卷的题型相对稳定，难度适中，试题有合理的信度和效度，在反映英语学习和教学成果的同时，能够对英语学习和教学起到很好的引领作用。

（2）考试方式与内容。考试采用形成性评价和终结性评价相结合的方式进行。其中形成性评价占 40%，终结性评价占 60%；形成性评价包括出勤、作业完成情况、课堂表现、英语任务完成效果等组成。英语任务包括英语手写报的制作、网络作业的完成、小组主题演讲等；终结性评价包括口语考试、听力考试和笔试。

（3）具体实施过程中需要注意的问题。为了保证考试成绩的客观公正，英语教研室将不断完善各种教学监控措施和教学过程记录，做到资料齐备，依据充分，使英语考试能够真正成为促进学生英语学习和英语教学的重要方式。

英语任务完成情况包括英语手写报、网络作业、小组主题演讲、第二课堂活动情况等，由任课教师根据本班具体情况决定其中的一项或是几项进行考核，考核方式必须在开学一个月内确定，报教研室备案，并通知所在班级。

形成性评价和终结性评价的总分均为 100 分。总评成绩 = 形成性评价 ×40% + 终结性评价 ×60%。

为了配合大学英语听力测试的展开，体现对听力的重视，建议对大学英语期末考试设立听力最低分数制。在听力单项分数为 15 分的听力成绩中设定最低分数值为 5 分。听力成绩低于 5 分的，将在总评中加以体现。具体计算方法如下：总评成绩等于期末卷面成绩减去听力最低分数值和实际听力单项得分的差。例如：某考生大学英语期末卷面成绩为 60，其中听力成绩 3 分，那么该考生的总评为 60-（5-3）=58。目的是引起学生对于英语听力学习的足够重视，防止部分学生有畏难情绪而直接放弃听力试题。

根据考核评分标准，对各项目内容进行量化打分，考核项目中凡能量化的均进行量化，不能量化的也须经过一定的量化处理，使之数量化。

院校所属外语系或英语教研室针对口语考试、形成性成绩的评定等制定更加详细的操作规程。待方案批准后，分层班级英语考试仍将单独命题，但考核内容比例将按照方案执行。

为了保证改革的顺利进行，并达到预期效果，改革方案选择班级进行试点，并对方案进行完善。

（二）教师评语

1. 课堂评语

课堂提问是整个教学过程中不可或缺的重要环节之一，有目的地恰当地应用课堂提问这一手段可以收到促进教学的良好效果。课堂上学生由于天赋，兴趣，家庭背景，学习水平等方面的差异，对于问题的期待具有差异性。如果教师不能针对学生的实际水平有针对性地提出问题，往往会起到事与愿违的效果。反之则会事半功倍。这就要求教师要充分认识到学生的个体差异，有针对性的实施分层提问与不同评价。

（1）针对英语基础不同的学生提问难度不同的问题。知己知彼，百战不殆，英语教学亦如此。对于英语基础较差的学生，教师可提问一些知识测试性的问题如：单词拼写、单词阅读或课文朗读等，有效的回答可以增强他们的自信心，提高其学习热情；对于成绩一般的学生可以提问句法分析或巩固练习等；对于成绩较好的学生可以提问一些知识扩展性问题如：句子翻译、延伸话题等自主发挥性比较多的问题。如果教师针对成绩较差学生提问较难的分析型问题，会打击其学习动力与学习激情。针对学习较好学生提问较简单的问题，会使英语基础较好学生感觉不具挑战性，从而丧失学习兴趣。总之，针对学生的个体差异，在课堂提问中区别对待。既保证“面向全体”，又兼顾“提优促差”，即把握课堂提问策略，让各类学生均有输出信息的机会。

（2）针对英语基础不同的学生，教师对学生回答做出不同的评议。在评议学生答案过程中，教师应始终以鼓励为主，并且做到客观公正。学生回答问题结束后，教师不能以“good”“very good”等词来简单回应。针对基础较差的学生，教师一定要对他们的回答予以具体的肯定并给予表扬和鼓励，以激发他们的学习动力，树立他们学习的信心。比如对朗读单词的学生，教师可以说其语音、语调相当准确，如果他能够准确无误地把单词拼写出来，那就更好了，从而调动他们的学习热情；针对成绩一般的学生的回答，教师的评议应该既褒又贬，点出回答中的美中不足，充分调动成绩一般学生的学习热情。比如对英语基础一般学生所做的段落大意的总结，教师可以评议为大方向把握得很好，但是总结的还不是很精准，个别单词的使用还需要推敲，从而培养他们的赶超意识；对于成绩较好学生的回答，教师评议重在引导，引导学生勇往直前地学下去。比如对于句子翻译，学生一般情况下不会翻译得非常完美，这时候教师就要点出其翻译的好的地方和欠妥的地方，这样会有利地激发基础较好学生的学习热情，避免骄傲情绪产生。

对于一时回答不上来或回答欠妥或回答错误的学生，教师绝对不可以批评训斥或挖苦讽刺，而是要“循循善诱”，教师应该为此学生设计一个更简单的问题，以此来挽回此同学的自尊和信心。不同年龄段的学生具有一定的心理差异，但是学生心理上的一个重要特点就是要求成人尊重他，信任他。根据这种心理特征，我们作为英语教师，更应该尊重他们，信任他们。课上提问及评议答案要尊重学生的个体差异，“量体裁衣”，力争使每个个体的潜能都能最大限度地发掘出来。

2. 作业评语

教师对学生作业的评议要区别对待。对于基础差，作业完成质量的确不是很好的学生，教师可与之私下交谈并给予鼓励；对于作业完成质量一般的同学，教师可以表达自己对其有更高的期待，相信他作业能完成得更好，希望他有更好的表现；对于作业完成质量很好的学生，教师在表扬的同时也要点出其作业的美中不足，预防骄傲自满情绪的滋生。针对学生作业，教师一定要认真地检查、核对，适时仿效 QQ 表情，适当地标上笑脸、苦脸、难过等表情。初中生是一群既可爱又调皮的孩子，他们身上有一些大人的行为特征，但更多的又表现出小学生的幼稚的一面，教师借用 QQ 表情评议作业，会拉近与学生的心理距离，最佳的指导就是教师与学生恰到好处的结合，演奏出最好的交响乐。

考虑到不同年龄段学生的不同心理特征，教师要以对等的心态与学生进行交流，充分了解学生的性格特征、处事方式等，以期达到不同的学生不同的谈心方式和谈心内容，把分层指导策略发挥到极致。教师要充分利用现代化的通信手段如手机短信、QQ 聊天、Wechat、电子邮件等与学生进行交流和沟通。这种聊天方式不是面对面地直接交流，学生相对来说顾虑较少，更倾向于流露真实的自己。教师要培养学生的自信心，激发他们的学习热情，挖掘出他们学习的最大潜能。国外的一首《育儿歌》写道："在挑剔中成长的孩子学会苛责；在敌意中成长的孩子学会争斗；在讥笑中成长的孩子学会羞怯；在耻辱中成长的孩子学会自疚；在宽容中成长的孩子学会忍让；在鼓励中成长的孩子学会自信；在称赞中成长的孩子学会欣赏；在公平中成长的孩子学会正义；在支持中成长的孩子学会关怀。"这首《育儿歌》告诉我们成人的评价是孩子成长的重要心理环境，不同的评价思想和评价方式会在很大程度上造就迥然不同的孩子。

第二节　多元英语教学评价体系对英语教师及学习者的生态位影响

《国家中长期教育改革和发展规划纲要（2010—2020）》（征求意见稿）在第十一章中明确提出"创新人才培养模式，遵循教育规律和人才成长规律，深化教育教学改革，创新教育教学方法，探索多种培养方式，形成各类人才辈出、拔尖创新人才不断涌现的局面"。这就给我国高等教育人才培养工作提出了更高的现实性要求。现代教育提倡由被动接受的学习方式转变为主动发现的学习模式。《课程要求》也明确指出，"教学模式改革成功的一个重要标志就是学生个性化学习方法的形成和学生自主学习能力的发展"。大学英语是一门公共基础课程，学生涵盖多个专业，故大学英语课程具有广泛性、基础性和通识性。在大学英语教学中大学英语教师借助微课拓宽学生的生态位具有重要的意义。义务教育英语课程标准的基本理念包括以下六点：第一，面向全体学生，注重素质教育；第二，整体设计目标，体现灵活开放；第三，突出学生主体，尊重个体差异；第四，采用活动途径，倡导体验参与；第五，注重过程评价，促进学生发展；第六，开发课程资源，拓展学用渠道。

当前英语教学中教师讲得多，学生说的机会少。大部分情况下教师依然是课堂的主宰者与调控者，学生习惯于静听与低头做笔记，这在一定程度上阻碍了学生英语学习能力的发展。21 世纪以来，伴随着信息技术、网络技术的发展，"互

联网 +”时代的教育已经不再是传统的一所学校、一位老师、一间教室，一张网、一个移动终端，而是几百万学生，微课、慕课、翻转课堂、手机课堂（陈坚林，2010）。尤其是在教育领域中，以微视频为核心的微课教学，能够有效改善当前的教学弊端。

英语教师借助“互联网 +”时代提供的新兴教学资源微课、慕课、微信等及多元教学评价体系进行英语教学时能够有效地把学习的主动权交还给学生，使学生“主动寻找问题”“主动汲取知识”“主动深入探析问题的答案和解题过程”，从而提升学生主动参与学习的积极性，活跃学生的思路，增强学生学习的兴趣，从而提高学生分析解决问题的能力以及口头表达的能力。学生从以往的简单的“信息接受者”变为主动的“信息发现者”“思维历练者”“问题思考者”。在进行“微课”教学过程中，有目的性地解析学生在思维中所出现的问题，不但可以丰富教学手段，有针对性地解决在教学中出现的难点问题，还会有效拓宽学生的生态位。

一、生态位态势理论

生态位是生态学中的一个重要概念，是指生物单元在特定生态系统中与环境相互作用过程中所形成的相对地位与作用。生态位包含两个方面：一是生物单元的状态（能量、资源占有量、适应能力、科技发展水平等），是过去生长发育、学习、社会经济发展以及与环境相互作用积累的结果；二是生物单元对环境的现实影响力和支配力，如能量和物质变换的速率、生产力、增长率、占据新生环境的能力。这两个方面的综合，体现了特定生物单元在生态系统中的相对地位与作用。

二、英语教师与英语学习者的态和势及其测度

英语教师的生态位具有“态”和“势”两个方面的属性。“态”是指教师的教学状态，是一种历史积蓄，是教师在过去所受到的教育和在教学实践过程中与教学环境相互作用积累的现实的竞争能力。“势”是教师对教学环境的潜在的影响能力，它决定教师教学能力的未来走向。学生的生态位就是学生在教育生态系统中与各层级环境相互作用过程中所形成的相对地位和作用。学生的生态位具有

“态”和“势”两个方面的属性。“态”是指学生的学习状态，是一种历史积蓄，是学生在过去所受到的教育和在学习过程中与学习环境相互作用积累的现实的竞争能力。“势”是学生对学习环境的潜在的影响能力，它决定学生学习能力的未来走向。

三、英语教师教学能力与英语学习者学习能力生态位态势实证分析

为进一步说明“互联网 +”时代提供的新兴教学资源微课、慕课、微信等及多元教学评价体系对教师的教学能力及教师生态位的影响，本研究以某高校 9 位教师近 2 年 4 个学期的教学能力评价资料为基础，计算出各教师教学能力的绝对生态位和相对生态位。以 2014—2015 学年第二学期的评价成绩作为各位教师当时教学能力“态”的度量指标，以评价成绩的年平均增长量作为教师教学能力“势”的度量指标，以 1 年为时间尺度，因此，量纲转化系数也是 1 年。

在特定的生态系统中，各种类的生态位取值范围在 0 ～ 1 之间，且总和为 1。生态位宽度越大，其值越大，说明所研究对象在系统中发挥的生态作用越大。教师 C 在 2014—2015 年第二学期的评价成绩为 97.44，低于教师 H 和教师 G，但是由于年平均增长量比较大，其教学能力生态位超过了教师 H 和教师 G，达到 0.1181，为本研究系统中的最大值。另外教师 E 在 2014—2015 年第二学期的评价成绩超过了教师 D 和教师 F，但由于近几年的平均变化量为负数 –0.19，其生态位值 0.1042 反而比教师 D 和教师 F 要低。出现这些变化的原因是教师 B、D、F 在日程教学中有效使用了微课，借助微课，改善了师生话语权及师生角色，因而提高了自己的教学能力及影响力。

在某一特定的生态系统中，各种类的生态位取值范围在 0 ～ 1 之间。生态位宽度越大，其值越大，说明所研究对象在系统中发挥的生态作用越大。第 3 位同学在 2015—2016 年第一学期的评价成绩为 97.34，低于第 8 位同学和第 7 位同学，但是由于第 3 位同学学期增长量比较大，所以该学生英语学习能力生态位超过了第 7 位和第 8 位同学，达到 0.1191，成为本研究对象中的最大值。另外第 5 位同学在 2015—2016 年第一学期的评价成绩超过了第 4 位和第 6 位同学，但是因为

该学生的学期评价成绩增长量为负数 –0.19，其生态位值 0.1042，低于第 4 位和第 6 位学生的英语学习生态位值。出现这些变化的原因是第 2 位、第 4 位和第 5 位在日常英语学习中借助微课积极主动地发现问题、分析问题、解决问题，从以往的简单的被动接受变为主动出击，从以往的懒于思考、勤于做笔记到积极思考、勇于表达自己的观点和看法，借助微课，改善了师生话语权及师生角色，因而提高了自己的学生的学习能力及影响力。因此用生态位态势理论来评价学生的英语教学能力，既考虑了学生当前的英语学习状态，同时也考虑了学生的发展潜力，比纯粹只考虑某一时点上的“态”更加科学合理。

根据生态学原理，处于同一生态位的个体会互相竞争，个体适应能力提高；同时，“共生效应”显示个体间的互相交流，互相影响会极大地促进整个群体的提升。

借助“互联网 +”时代提供的新兴教学资源微课、慕课、微信等及多元教学评价体系能够改善英语课堂中师生角色及改善师生话语权现状。教师从教导者转变为学习伙伴，从传播者转化为对话人，从监管者转化为激励者，从演员转化为导演。学生从机械接收者到积极思考者，从被动接受者到主动提问者，从被动学习者转变为主动学习者，从观众到演员。形成“n+2”多元教与学评价方式，包括期中测试、期末测试、课堂展示、小组活动、线上线下作业、有效提问、独特见解与资源共享等。建立网络教与学社区，提供优质的第二课堂。促使学生勤于思考，乐于学习。课上课下环环相扣，交相呼应，从而提高学生英语学习的自主能力与发展潜力，提高学生英语学习的效率。

参考文献

[1] 蔡基刚 . 大学英语教学探索与展望 [M]. 上海 : 复旦学出版社 , 2007.

[2] 李森 , 王牧华 , 张家军 . 生态课堂论：和谐与创造 [M]. 北京 : 人民教育出版社 , 2011.

[3] 李森 , 杜尚荣 . 课堂教学管理策略研究 [M]. 福州 : 福建教育出版社 , 2013.

[4] 李森 , 陈晓端 . 课程与教学论 [M]. 北京 : 北京师范大学出版社 , 2015.

[5] 罗儒国 . 教学生活的反思与重建 [M]. 济南 : 山东人民出版社 , 2009.

[6] 唐德海 . 大学课程管理的理论与方法研究 [M]. 北京 : 中国科学技术出版社 , 2002.

[7] 王蔷 . 英语教学法教程 [M]. 北京 : 高等教育出版社 , 2008.

[8] 陈雪芬 . 中国英语教育变迁研究 [M]. 杭州 : 浙江大学出版社 , 2011.

[9] 束定芳 . 论外语课堂教学的功能与目标 [J]. 外语与外语教学 , 2011(1): 5.

[10] 束定芳 , 陈素燕 . 大学英语教学成功之路 [M]. 上海 : 上海外语教育出版社 , 2010.

[11] 岳若惠 . 现代教育理念下的高校教育教学管理 [M]. 西安 : 西北农林科技大学出版社 , 2013.

[12] 陈振鹏 . 大学英语分级教学实施方式的探索 [J]. 新课程（教育学术）, 2011(5): 8.

[13] 邓渝 . 大学英语教学管理现状分析及对策研究 [J]. 科技视界 , 2012(12): 28.

[14] 董毓 . 批判性思维原理和方法：走向新的认知和实践 [M]. 北京 : 高等教育出版社 , 2017.

[15] 范国睿 . 教育生态学 [M]. 北京 : 人民教育出版社 , 2000.

[16] 黄源 . 英语专业课程必须彻底改革：再谈“思辨缺席”[J]. 外语界 ,

2010(1): 11.

[17] 任文 . 再论外语专业学生的思辨能力：“缺席”还是“在场”？兼论将思辨能力培养纳入外语专业教育过程：以英语演讲课为例 [J]. 中国外语 , 2013(1): 10.

[18] 孙有中 . 突出思辨能力培养, 将英语专业教学改革引向深入 [J]. 中国外语 , 2011(3): 49.

[19] 余胜泉 . 信息技术与课程整合 [M]. 上海 : 上海教育出版社 , 2004.

[20] 王初明 . 互动协同与外语教学 [J]. 外语教学与研究 , 2010(4): 297.